Mahel Kessler

Fleury | Verfassungsprozessrecht

Verfassungsprozessrecht

Von

Dr. Roland Fleury

Staatsanwalt als Gruppenleiter
bei der Staatsanwaltschaft Nürnberg-Fürth

8., überarbeitete Auflage

Carl Heymanns Verlag 2009

Bibliografische Information der Deutschen Bibliothek
Die Deutsche Bibliothek verzeichnet diese Publikation in der Deutschen Nationalbibliografie; detaillierte bibliografische Daten sind im Internet unter http://dnb.ddb.de abrufbar.

ISBN 978-3-452-27139-6

www.wolterskluwer.de

Umschlagkonzeption: Martina Busch, Grafikdesign, Fürstenfeldbruck
Satz: John + John, Köln
Druck und buchbinderische Verarbeitung: Wilhelm & Adam OHG, Heusenstamm

Gedruckt auf säurefreiem, alterungsbeständigem und chlorfreiem Papier

Vorwort

Das vorliegende Lehrbuch wendet sich in erster Linie an Studenten und Referendare. Es versucht, eine überschaubare Systematik des Verfassungsprozessrechts zu bieten, Verfahrenskonkurrenzen zwischen der Landesverfassungsgerichtsbarkeit und der des Bundes zu klären und so das klausurrelevante Wissen für Übung und Examen zu vermitteln. Es verzichtet daher zugunsten der Überschaubarkeit auf allzu theoretische Erörterungen und auch auf die letzte dogmatische Durchdringung mancher Probleme. Der Fußnotenapparat ist infolge dieser Zielsetzung knapp gehalten und konzentriert sich auf die wichtigsten Entscheidungen des Bundesverfassungsgerichts sowie Hinweise auf die ausführlicheren Lehrbücher und Kommentare. Die Anmerkungen sollten aber ausreichen, um dem Interessierten die Vertiefung der einzelnen Probleme zu ermöglichen und dem Praktiker den Zugriff auf die ausführlichere Standardliteratur zu erleichtern.

Soweit dies möglich ist, wird auch versucht, die Prüfungsrelevanz des Stoffes einzuschätzen, Hinweise für die klausurmäßige Fallbearbeitung zu geben und Aufbauschemata anzubieten. Grundkenntnisse des Verwaltungsprozessrechts erleichtern das Verständnis, werden aber nicht vorausgesetzt. Die Darstellung des Landesrechts beschränkt sich auf das Recht des Freistaates Bayern; gerade die Ausführungen zum Verhältnis der Landesverfassungsgerichtsbarkeit und ihrer Prüfungsmaßstäbe zum Recht des Bundes sind aber auf andere Bundesländer übertragbar.

Für die 8. Auflage wurde der Text überarbeitet und die Anmerkungen aktualisiert, Konzept und Anliegen des Buches wurden jedoch beibehalten.

Nürnberg, im Mai 2009 *Dr. Roland Fleury*

Vorwort

Inhaltsverzeichnis

Abkürzungsverzeichnis

a.A.	anderer Ansicht
a.a.O.	am angegebenen Ort
Abs.	Absatz
a.E.	am Ende
a.F.	alte Fassung
AG	Aktiengesellschaft
Alt.	Alternative
Anm.	Anmerkung
AöR	Archiv des öffentlichen Rechts
ArbGG	Arbeitsgerichtsgesetz (Schönfelder Nr. 83)
Art.	Artikel
Aufl.	Auflage
BayAGVwGO	Bayerisches Ausführungsgesetz zur VwGO (Ziegler/Tremel Nr. 901)
BayKommZG	Bayerisches Gesetz über die kommunale Zusammenarbeit (Ziegler/Tremel Nr. 376)
BayVBl.	Bayerische Verwaltungsblätter
BayVerfGH	Bayerischer Verfassungsgerichtshof
BayVerfGHE n.F.	Amtliche Sammlung der Entscheidungen des Bayerischen Verwaltungsgerichtshofs und des Verfassungsgerichtshofs, neue Folge
BayVerfGHG	Gesetz über den Bayerischen Verfassungsgerichtshof (Ziegler/Tremel Nr. 855)
BayVGemO	Verwaltungsgemeinschaftsordnung für den Freistaat Bayern (Ziegler/Tremel Nr. 285)
BayVGH	Bayerischer Verwaltungsgerichtshof
BayVwVfG	Bayerisches Verwaltungsverfahrensgesetz (Ziegler/Tremel Nr. 910)
BBahnG	Bundesbahngesetz
Bd.	Band
BENeuglG	Bundeseisenbahnneugliederungsgesetz
BGB	Bürgerliches Gesetzbuch (Schönfelder Nr. 20)
BGBl.	Bundesgesetzblatt
BR	Bundesrat
BSG	Bundessozialgericht
BT	Bundestag
BV	Bayerische Verfassung (Ziegler/Tremel Nr. 850)
BVerfG	Bundesverfassungsgericht
BVerfGE	Amtliche Sammlung der Entscheidungen des Bundesverfassungsgerichts
BVerfGG	Gesetz über das Bundesverfassungsgericht (Sartorius I Nr. 40)
BVerwG	Bundesverwaltungsgericht
BWG	Bundeswahlgesetz (Sartorius I Nr. 30)
BWO	Bundeswahlordnung (Sartorius I Nr. 31)
bzgl.	bezüglich
d.h.	das heißt
Diss.	Dissertation
DÖV	Die öffentliche Verwaltung
DRiG	Deutsches Richtergesetz (Schönfelder Ergänzungsband Nr. 97)
DVBl.	Deutsche Verwaltungsblätter
e.A.	einstweilige Anordnung
EG	Europäische Gemeinschaften
ENeuOG	Eisenbahnneuordnungsgesetz
EU	Europäische Union
EuGH	Gerichtshof der Europäischen Gemeinschaften

EuGRZ	Europäische Grundrechte-Zeitschrift
e.V.	eingetragener Verein
EWGV	Vertrag zur Gründung der Europäischen Wirtschaftsgemeinschaft
f.; ff.	folgende Seite(n)
FGO	Finanzgerichtsordnung (Steuergesetze I Nr. 802)
Fn.	Fußnote
gem.	gemäß
GeschO	Geschäftsordnung
GeschOBR	Geschäftsordnung des Bundesrates (Sartorius I Nr. 37)
GeschOBT	Geschäftsordnung des Bundestages (Sartorius I Nr. 35)
GewO	Gewerbeordnung (Sartorius I Nr. 800)
GG	Grundgesetz
ggf.	gegebenenfalls
GmbH	Gesellschaft mit beschränkter Haftung
grds.	grundsätzlich (zum juristischen Sprachgebrauch: grundsätzlich bedeutet, dass es Ausnahmen gibt!)
GVBl.	Bayerisches Gesetz- und Verordnungsblatt
GVG	Gerichtsverfassungsgesetz (Schönfelder Nr. 95)
HGB	Handelsgesetzbuch (Schönfelder Nr. 50)
h.L.	herrschende Lehre
h.M.	herrschende Meinung
hgg.	herausgegeben
Hrsg.	Herausgeber
i.d.R.	in der Regel
insbes.	insbesondere
i.R.d.	im Rahmen des/der
i.S.d.	im Sinne des/der
i.S.v.	im Sinne von
i.Ü.	im Übrigen
i.V.m.	in Verbindung mit
JAPO	(Bayerische) Ausbildungs- und Prüfungsordnung für Juristen
jew.	jeweils
JuS	Juristische Schulung
KG	Kommanditgesellschaft
LV	Landesverfassung
LWG	Landeswahlgesetz (Ziegler/Tremel Nr. 430)
m.N.	mit Nachweisen
m.RV.	mit Rückverweisungen
m.w.N.	mit weiteren Nachweisen
Nachw.	Nachweise
n.F.	neue Folge
NJW	Neue Juristische Wochenschrift
Nr(n).	Nummer(n)
NuR	Natur und Recht
NVwZ	Neue Zeitschrift für Verwaltungsrecht
NVwZ-RR	Neue Zeitschrift für Verwaltungsrecht – Rechtsprechungsreport
NW	Nordrhein-Westfalen
OHG	Offene Handelsgesellschaft
OLG	Oberlandesgericht

PartG	Parteiengesetz (Sartorius I Nr. 58)
PUAG	Gesetz zur Regelung des Rechts der Untersuchungsausschüsse des Deutschen Bundestags (Sartorius I Nr. 6)
Rdn.	Randnummer(n) – interner Verweis
Rn.	Randnummer(n) – externer Verweis
RSpr.	Rechtsprechung
S.	Seite, Satz
SenG	Gesetz über den Senat (aufgehoben)
SGG	Sozialgerichtsgesetz (Aichberger Nr. 50)
s.o.	siehe oben
sog.	sogenannt(e)
StGB	Strafgesetzbuch (Schönfelder Nr. 85)
StPO	Strafprozessordnung (Schönfelder Nr. 90)
str.	streitig
st.Rspr.	ständige Rechtsprechung
TVG	Tarifvertragsgesetz
u.a.	und andere, unter anderem
umstr.	umstritten
u.U.	unter Umständen
VA	Verwaltungsakt (i.S.d. § 35 VwVfG)
v.a.	vor allem
VereinsG	Vereinsgesetz (Sartorius I Nr. 425)
VerfGH	Verfassungsgerichtshof
vgl.	vergleiche
Vorb(em).	Vorbemerkung
VwGO	Verwaltungsgerichtsordnung (Sartorius I Nr. 600, Ziegler/Tremel Nr. 900)
VwVfG	Verwaltungsverfahrensgesetz (Sartorius I Nr. 100)
WahlprüfG	Wahlprüfungsgesetz (Sartorius I Nr. 32)
w.N.	weitere Nachweise
WRV	Weimarer Reichsverfassung
ZPO	Zivilprozessordnung (Schönfelder Nr. 100)

Literaturverzeichnis

Bachof, Otto	Wege zum Rechtsstaat, 1979, Verlag Athenäum
Badura, Peter	Staatsrecht, 3. Aufl. 2003, Verlag C.H. Beck
Benda, Ernst/ Klein, Eckart	Lehrbuch des Verfassungsprozessrechts, 2. Aufl. 2001, Verlag C.F. Müller
Bethge, Herbert	Organstreitigkeiten des Landesverfassungsrechts, in: Landesverfassungsgerichtsbarkeit, Teilband II, hgg. von Starck, Christian und Stern, Klaus, Baden-Baden 1983, Nomos Verlag
Bettermann, Karl A.	Die konkrete Normenkontrolle und sonstige Gerichtsvorlagen, in: Bundesverfassungsgericht und Grundgesetz I, Festgabe aus Anlass des 25jährigen Bestehens des Bundesverfassungsgerichts, hgg. von Starck, Christian, Tübingen 1976, Verlag Mohr
Degenhart, Christoph	Staatsrecht I, Reihe »Schwerpunkte«, Bd. 13, 24. Aufl. 2008, Verlag C.F. Müller
Domcke, Hans	Die bayerische Popularklage, in: Landesverfassungsgerichtsbarkeit, Teilband II, hgg. von Starck, Christian und Stern, Klaus, Baden-Baden 1983, Nomos Verlag
Ebersperger, Christian	Die bayerische Verfassungsbeschwerde, Diss. München 1990, shaker Verlag 1995
Erichsen, Hans-Uwe	Die einstweilige Anordnung, in: Bundesverfassungsgericht und Grundgesetz I, Festgabe aus Anlass des 25jährigen Bestehens des Bundesverfassungsgerichts, hgg. von Starck, Christian, Tübingen 1976, Verlag Mohr
Freund, Lothar	Die Anklageverfahren vor den Landesverfassungsgerichten, in: Landesverfassungsgerichtsbarkeit, Teilband II, hgg. von Starck, Christian und Stern, Klaus, Baden-Baden 1983, Nomos Verlag
Gensior, Walter	Wahlprüfungs- und ähnliche Beschwerden vor Landesverfassungsgerichten, in: Landesverfassungsgerichtsbarkeit, Teilband II, hgg. von Starck, Christian und Stern, Klaus, Baden-Baden 1983, Nomos Verlag
Gersdorf, Hubertus	Verfassungsprozessrecht und Verfassungsmäßigkeitsprüfung (Jurathek), 2. Aufl. 2005, Verlag C.F. Müller
Groschupf, Otto	Richtervorlagen zu den Landesverfassungsgerichten, in: Landesverfassungsgerichtsbarkeit, Teilband II, hgg. von Starck, Christian und Stern, Klaus, Baden-Baden 1983, Nomos Verlag
Gusy, Christoph	Die Verfassungsbeschwerde, 1988, Verlag C.F. Müller
Hesse, Konrad	Grundzüge des Verfassungsrechts, 20. Aufl. 1995 (Nachdruck 1999), Verlag C.F. Müller

Hillgruber, Christian/ Goos, Christoph — Verfassungsprozessrecht Reihe »Schwerpunkte«, Bd. 22, 2. Aufl. 2006, Verlag C.F. Müller

van den Hövel, Markus — Zulässigkeits- und Zulassungsprobleme der Verfassungsbeschwerde gegen Gesetze, 1990, Verlag Duncker und Humblot

Kamp, Walter — Das Verhältnis von verfassungsgerichtlichen und verwaltungsgerichtlichen Normenkontrollverfahren, Diss. Würzburg 1992, Shaker Verlag 1995

Kopp, Ferdinand/ Schenke, Wolf-Rüdiger — VwGO, 15. Aufl. 2007, Verlag C.H. Beck

Kornbichler, Hendrik/ Polster, Julian/ Tiede, Wolfgang/ Urabl, Armin — Verfassungsrecht schnell erfasst, 2. Aufl. 2001, Springer Verlag

Lechner, Hans/ Zuck, Rüdiger — BVerfGG, 5. Aufl. 2006, Verlag C.H. Beck

Leisner, Walter — Der Bund-Länder-Streit vor dem Bundesverfassungsgericht, in: Bundesverfassungsgericht und Grundgesetz I, Festgabe aus Anlass des 25jährigen Bestehens des Bundesverfassungsgerichts, hgg. von Starck, Christian, Tübingen 1976, Verlag Mohr

Lorenz, Dieter — Der Organstreit vor dem Bundesverfassungsgericht, in: Bundesverfassungsgericht und Grundgesetz I, Festgabe aus Anlass des 25jährigen Bestehens des Bundesverfassungsgerichts, hgg. von Starck, Christian, Tübingen 1976, Verlag Mohr

Maunz, Rüdiger/ Schmidt-Bleibtreu, Bruno/ Klein, Franz/ Ulsamer, Gerhard — Bundesverfassungsgerichtsgesetz, Loseblatt, Stand 29. Aufl. 2009, Verlag C.H. Beck

Maunz, Theodor/ Dürig, Günter — GG, Loseblatt, Stand 53. Aufl. März 2009, Verlag C.H. Beck

Meder, Theodor — Die Verfassung des Freistaates Bayern, 4. Aufl. 1992, Verlag Boorberg

Nawiasky, Hans — Die Verfassung des Freistaates Bayern, Loseblatt Stand 14. Aufl. 2008, Verlag C.H. Beck

Pestalozza, Christian — Verfassungsprozessrecht, 3. Aufl. 1991, Verlag C.H. Beck

Pieroth, Bodo/ Schlink, Bernhard — Staatsrecht II (Grundrechte), Reihe »Schwerpunkte«, Band 14, 24. Aufl. 2008, Verlag C.F. Müller

Schlaich, Klaus/ Korioth, Stefan — Das Bundesverfassungsgericht, 7. Aufl. 2007, Verlag C.H. Beck

Scholler, Heinrich/ Birk, Dieter — Verfassungsrecht und Verfassungsgerichtsbarkeit – Fälle und Lösungen nach höchstrichterlichen Entscheidungen, 6. Aufl. 1988, Verlag C.F. Müller

Schumann, Ekkehard — Verfassungsbeschwerde (Grundrechtsklage) zu den Landesverfassungsgerichten, in: Landesverfassungsgerichtsbarkeit, Teilband II, hgg. von Starck, Christian und Stern, Klaus, Baden-Baden 1983, Nomos Verlag

Schwerdtfeger, Gunther — Öffentliches Recht in der Fallbearbeitung, 13. Aufl. 2008, JuS-Schriftenreihe, Verlag C.H. Beck

Söhn, Hartmut — Die abstrakte Normenkontrolle, in: Bundesverfassungsgericht und Grundgesetz I, Festgabe aus Anlass des 25jährigen Bestehens des Bundesverfassungsgerichts, hgg. von Starck, Christian, Tübingen 1976, Verlag Mohr

Stern, Klaus — Staatsrecht der Bundesrepublik Deutschland, Bd. II, 1980, Verlag C.H. Beck

Thomas, Heinz/ Putzo, Hans — ZPO, 29. Aufl. 2008, Verlag C.H. Beck

Umbach, Dieter/ Clemens, Thomas (Hrsg.) — Bundesverfassungsgerichtsgesetz, 2. Aufl. 2005, Verlag C.F. Müller

Zuck, Rüdiger — Das Recht der Verfassungsbeschwerde, 3. Aufl. 2006, Verlag C.H. Beck

1. Kapitel. Allgemeines[1]

A. Stellung des Bundesverfassungsgerichts[2]

Das Bundesverfassungsgericht ist ein allen übrigen Verfassungsorganen gegenüber 1
selbständiger und unabhängiger Gerichtshof des Bundes (§ 1 I BVerfGG). Daraus ergibt sich, dass das Bundesverfassungsgericht einerseits ein Gericht, zugleich aber auch ein Verfassungsorgan ist.

I. Das Bundesverfassungsgericht als Gericht

Als Gericht übt es rechtsprechende Gewalt aus (Art. 92 GG). Das scheint auf den 2
ersten Blick selbstverständlich und entspricht auch der heute ganz herrschenden Meinung.[3] Dennoch ist es nicht ganz so eindeutig, denn die Entscheidungen des Bundesverfassungsgerichts, vor allem in den Normenkontroll- und Organstreitverfahren, beeinflussen unmittelbar die Gesetzgebung und damit den Bereich der Legislative.[4] Manche Entscheidungen haben sogar Gesetzeskraft (§ 31 II BVerfGG).[5] Darin liegt aber kein Verstoß gegen den Grundsatz der Gewaltenteilung; auch die Verfassungsgerichtsbarkeit ist Rechtsprechung,[6] denn:

a) Das Bundesverfassungsgericht ist ein Gericht im Sinne der Definition: »Eine Insti- 3
tution [ist] ... dann Gericht, wenn durch mit besonderer (richterlicher) Unabhängigkeit ausgestattete, unparteiische Richter an Hand von Rechtsnormen verbindlich entschieden wird, was Rechtens ist.«[7]
   - Das Bundesverfassungsgericht ist mit Richtern besetzt (§§ 2 ff. BVerfGG, Art. 92 GG), die gemäß Art. 97 I GG unabhängig sind;
   - seine Entscheidungen sind verbindlich (§ 31 BVerfGG);
   - es entscheidet anhand von Rechtsnormen, nämlich des Verfassungsrechts.[8]

b) Die Entscheidungen des Bundesverfassungsgerichts haben zwar politische *Wir-* 4
kungen, rechtliche *Gestaltung* ist aber nicht Sache des Bundesverfassungsgerichts. Die Aufgabe, den Gesetzgeber zu kontrollieren, darf nicht verwechselt werden mit der Aufgabe, gestaltend an der Rechtssetzung mitzuwirken.[9] Das Bundesver-

keine aktive Gestaltung der Rechtssetzung

1 Die Ausführungen in diesem Kapitel sind – jedenfalls für *schriftliche* Prüfungen – kaum unmittelbar klausurrelevant; sie erleichtern jedoch das Verständnis der Zusammenhänge und damit mancher Entscheidung.

2 Für die Stellung des BayVerfGH gilt – übertragen auf den Freistaat Bayern – dasselbe: Auch er ist zugleich Gericht und Verfassungsorgan; vgl. näher *Pestalozza* S. 406.

3 *Benda/Klein* Rn. 93; *Pestalozza* S. 38; *Schlaich/Korioth* Rn. 26 ff.; Maunz/Schmidt-Bleibtreu/Klein/Bethge/*Bethge* § 1 Rn. 4–15.

4 *Benda/Klein* Rn. 9 ff.

5 Im *bayerischen* Recht gibt es keine Entscheidungen mit Gesetzeskraft; vgl. *Pestalozza* S. 459.

6 Dazu eingehender *Stern* S. 939 ff.

7 *Stern* S. 348.

8 Vgl. *Badura* S. 707: »Die Bindung des Richters an Gesetz und Recht bedeutet, dass er im konkreten Streitfall nach Normen und Grundsätzen zu entscheiden hat, die seiner eigenen Verfügung entzogen, die ihm also vorgegeben sind.«

9 *Badura* S. 707 f.

fassungsgericht stellt gegebenenfalls fest, ob eine Norm verfassungsgemäß ist oder nicht, es erlässt aber nicht selbst Normen.

5 Die Grenze zwischen Rechtsanwendung und Rechtsgestaltung ist allerdings nicht immer leicht zu bestimmen; wo sie verläuft, entscheidet letztlich das Bundesverfassungsgericht selbst.[10] Eine wichtige Rolle bei der Aufrechterhaltung der Grenzen[11] zwischen rechtsprechender Gewalt und Legislative spielt daher die »richterliche Selbstbeschränkung« (»judicial self-restraint«). Das Bundesverfassungsgericht war von Anfang an darum bemüht, Eingriffe in den »Gestaltungsspielraum« des parlamentarischen Gesetzgebers zu vermeiden und seine Kontrolle auf die Einhaltung der äußersten Grenzen dieses Spielraums zu beschränken; es prüft daher Gesetze weder auf ihre Zweckmäßigkeit noch darauf, ob der Gesetzgeber die beste, gerechteste denkbare Lösung gefunden hat.[12] Diese Zurückhaltung führt gelegentlich zu Entscheidungen, die auf den ersten Blick unbefriedigend scheinen, ist aber durch das Prinzip der Gewaltenteilung jedenfalls geboten, auch wenn die dogmatische Herleitung im Einzelnen ebenso umstritten und unklar ist wie die Grenzziehung.[13]

II. Das Bundesverfassungsgericht als Verfassungsorgan

6 Daneben ist das Bundesverfassungsgericht aber auch ein Verfassungsorgan.[14] Diese Stellung (bzw. die besondere Aufgabenstellung als »Hüter der Verfassung«) führt zu einigen Besonderheiten gegenüber anderen (sog. Fach-) Gerichten:

7 a) Das Bundesverfassungsgericht gibt sich selbst eine Geschäftsordnung,[15] die auch verfahrensrechtliche Vorschriften enthält und insoweit das BVerfGG ergänzt. Sie erging in ihrer ursprünglichen Fassung im Jahr 1975; damals wurde die *Geschäftsordnungsautonomie aus der Stellung als Verfassungsorgan* abgeleitet, die gesetzliche Grundlage (§ 1 III BVerfGG) wurde erst 1985[16] geschaffen.

8 b) Das Bundesverfassungsgericht untersteht keinem Ministerium; es stellt (im Rahmen des allgemeinen Haushalts) seinen eigenen Haushalt selbst auf. Oberster Dienstherr der Beamten des Bundesverfassungsgerichts ist der Präsident des Gerichts.

9 c) Für die Rechtsstellung der Richter des Bundesverfassungsgerichts enthält das BVerfGG spezielle Vorschriften (§§ 3 ff., 98 ff.); das DRiG gilt nur subsidiär (§ 69 DRiG).[17]

---

10 Maunz/Schmidt-Bleibtreu/Klein/Bethge/*Bethge* Vorbem. Rn. 160 ff.

11 D.h. bei der Handhabung der Maßstäbe, auch in der Klausur!

12 Maunz/Schmidt-Bleibtreu/Klein/Bethge/*Bethge* Vorbem. Rn. 163 ff. m.N. zur Rspr. des BVerfG. Als Beispiel für diese Zurückhaltung des BVerfG und die Auswirkungen auf die klausurmäßige Fallbearbeitung vgl. das zu Art. 3 GG Gelernte: Eine Ungleichbehandlung ist nur dann verfassungswidrig, wenn sich kein sachlicher Grund für die Differenzierung finden lässt (BVerfGE 12, 356 [361 f.]; 80, 109 [118)].

13 Vgl. hierzu BVerfGE 3, 58 (135 f.); 3, 162 (182); 12, 326 (333); *Schlaich/Korioth* Rn. 501 ff.; *Benda/Klein* Rn. 19 ff.

14 § 1 I BVerfGG: »*übrigen* Verfassungsorganen«; vgl. *Benda/Klein* Rn. 99 ff.; *Pestalozza* S. 38; a.A. *Schlaich/Korioth* Rn. 35.

15 Im »Sartorius I« nicht abgedruckt, schon deshalb nicht klausurrelevant.

16 BGBl. I S. 2226; heutige Fassung der GeschO: BGBl. 1986 I S. 2529 (letzte Änderung: BGBl. 2002 I S. 1171).

17 Vgl. zum Ganzen *Schlaich/Korioth* Rn. 26 ff.

III. Verhältnis zu den Fachgerichten[18]

Das Bundesverfassungsgericht kann Urteile anderer Gerichte überprüfen und aufheben,[19] denn auch Gerichtsurteile sind Akte öffentlicher Gewalt i.S.d. § 90 BVerfGG. Das Bundesverfassungsgericht ist aber kein Superrevisionsgericht; es prüft Urteile nur auf die Verletzung »spezifischen Verfassungsrechts«, nicht auf die richtige Anwendung des einfachen[20] Gesetzesrechts, die Sache der Fachgerichte ist.[21] 10

Die Abgrenzung im Einzelnen ist auch hier schwierig. Für den Unterlegenen ist jedes objektiv falsche Urteil auch ein Grundrechtseingriff – zumindest nämlich ein Eingriff in seine allgemeine Handlungsfreiheit aus Art. 2 I GG.[22] »Spezifisches Verfassungsrecht« bedeutet demgegenüber: Das Bundesverfassungsgericht prüft die Anwendung und Auslegung einfachen Gesetzesrechts grundsätzlich nur daraufhin nach, ob 11

- das Fachgericht die einschlägigen Grundrechte (alle) *berücksichtigt* hat;
- es ihre Bedeutung *richtig eingeschätzt*, insbesondere den Schutzbereich richtig definiert hat.

Dabei beschränkt es sich auf eine »grundsätzliche« Prüfung; d.h. es prüft in der Regel keine Einzelheiten. Als Faustregel gilt: Je schwerer der Grundrechtseingriff durch ein Urteil wiegt, desto detaillierter prüft das Bundesverfassungsgericht auch die Auslegung und Anwendung des einfachen Rechts[23] nach. 12

Daneben prüft das Bundesverfassungsgericht auch, ob eine Entscheidung (objektiv) unhaltbar und deshalb willkürlich ist, d.h. es korrigiert grob falsche Entscheidungen. Als »Aufhänger« dient dabei das Willkürverbot in Art. 3 I GG.[24] 13

Etwas außerhalb dieser Systematik steht die Rechtsprechung zu den Verfahrensgrundrechten (Art. 19 IV, 101 I 2, 103 I, 104 GG), v.a. Art. 103 I GG (Rechtliches Gehör). Bei der Prüfung insbesondere von Entscheidungen, die ein Rechtsmittel, eine Klage, einen Beweisantrag als unzulässig verwerfen, hat das Bundesverfassungsgericht lange Zeit die Anwendung des jeweiligen Prozessrechts sehr eingehend nachgeprüft, denn eine objektiv falsche Verwerfung als unzulässig verletze immer den Grundsatz des rechtlichen Gehörs und damit spezifisches Verfassungsrecht.[25] Ganz ähnlich war das Vorgehen bei der Prüfung der Präklusionsvorschriften der ZPO (vgl. § 296 ZPO), die wegen ihres Ausnahmecharakters und der einschneidenden, direkt grundrechtsrelevanten (Art. 103 GG) Folgen einer strengen verfassungsgerichtlichen Kontrolle unterlägen.[26] 14

Inzwischen wird auch im Bereich des Prozessrechts nicht mehr aus *jedem* Verstoß gegen einfaches Recht ein Verfassungsverstoß gefolgert, sondern jeweils der spezi-

18 In Abgrenzung zur Verfassungsgerichtsbarkeit.
19 Vgl. die sog. »Urteilsverfassungsbeschwerde« i.S.d. § 13 Nr. 8a BVerfGG, dazu unten Rdn. 294 ff.
20 In Abgrenzung zum Verfassungsrecht.
21 BVerfGE 80, 109 (122 f.) *Hillgruber/Goos* Verfassungsrecht, Rn. 155 ff.
22 Jedenfalls, soweit er Träger dieses Grundrechts ist (problematisch bei juristischen Personen, v.a. des öffentlichen Rechts!); vgl. i.Ü. die »Adressatentheorie« zu § 42 II VwGO, *Kopp/Schenke* § 42 VwGO Rn. 60, 69.
23 *Schlaich/Korioth* Rn. 305 ff.; *Benda/Klein* Rn. 662.
24 Dazu näher unten Rdn. 366; *Schlaich/Korioth* Rn. 299 f.; *Benda/Klein* Rn. 666 ff.
25 *Schlaich/Korioth* Rn. 321 ff. mit zahlreichen Nachweisen.
26 *Schlaich/Korioth* Rn. 308 m.N. zur Rspr.

fisch verfassungsrechtliche Gehalt der verletzten Regelung ermittelt.[27] Dennoch kann wohl noch immer von einer höheren Prüfungsdichte in diesem Bereich ausgegangen werden.[28]

B. Organisation des Bundesverfassungsgerichts und des BayVerfGH

I. Senatsprinzip

15 Das Bundesverfassungsgericht besteht aus zwei Senaten mit je acht Richtern (§ 2 BVerfGG). Die Zuständigkeiten der beiden Senate sind gesetzlich geregelt (§ 14 BVerfGG); allerdings kann das Plenum abweichende Regelungen beschließen (§ 14 IV BVerfGG) und hat dies auch bereits getan.[29] Bei Zweifeln über die Zuständigkeit entscheidet ein Ausschuss (§ 14 V BVerfGG), der aus dem Präsidenten, dem Vizepräsidenten und je zwei Richtern der beiden Senate besteht.

16 Innerhalb seiner Zuständigkeit ist jeder Senat »das Bundesverfassungsgericht«; der eine Senat kann Entscheidungen des anderen nicht überprüfen.[30] Will ein Senat von der Rechtsauffassung des anderen abweichen, so entscheidet das Plenum (§ 16 BVerfGG) über die Rechtsfrage.[31]

17 Gem. § 15a BVerfGG bildet jeder Senat mehrere Kammern, in der Regel drei. Diese sind zuständig für

- die Vorprüfung der Zulässigkeit einer Richtervorlage (soweit diese nicht von einem Landesverfassungsgericht oder von einem obersten Gerichtshof des Bundes stammt; vgl. § 81a S. 2 BVerfGG) im Rahmen der konkreten Normenkontrolle (§ 81a S. 1 BVerfGG);
- die Durchführung des »Annahmeverfahrens« nach §§ 93a–d BVerfGG.[32]

18 **Bayern:**
Der BayVerfGH besteht aus seinem Präsidenten, 22 Berufsrichtern, 15 weiteren Mitgliedern und deren Vertretern (Art. 3 I BayVerfGHG); organisatorisch ist er dem OLG München zugeordnet (Art. 1 BayVerfGHG). Die Besetzung ist unterschiedlich je nach Verfahrensart, man unterscheidet jedoch[33]

I. Senat (Art. 3 II Nr. 1 BayVerfGHG), entspricht dem früheren »Großen Senat«;
II. Senat (Art. 3 II Nr. 2 BayVerfGHG), »Berufsrichtersenat«;
III. Senat (Art. 3 II Nr. 3 BayVerfGHG); früher »Kleiner Senat«.

Daneben gibt es für bestimmte Nebenentscheidungen[34] noch die sog. »kleine Besetzung« (Art. 3 V BayVerfGHG); über den Geschäftsverteilungsplan (Art. 10 I 1 BayVerfGHG) und die Geschäftsordnung (Art. 30 II 1 BayVerfGHG) entscheidet das Berufsrichterplenum (Art. 3 VI BayVerfGHG).

---

27 *Schlaich/Korioth* Rn. 324; BVerfGE 74, 228 (233); 75, 302 (309 ff.).

28 Jedenfalls für die klausurmäßige Fallbearbeitung, für die es sich in der Regel ohnehin empfiehlt, einen Verstoß gegen die einschlägige Verfahrensordnung abschließend zu prüfen bevor die Frage behandelt wird, ob darin zugleich ein Verstoß gegen Art. 103 I 1 GG liegt. Vgl. BVerfG NJW 1992, 678 ff.

29 Vgl. z.B. Beschluss vom 15.11.1993 (abgedruckt im »Sartorius I« als Fn. 1 zu § 13 Nr. 11 BVerfGG).

30 BVerfGE 7, 17 (18).

31 Maunz/Schmidt-Bleibtreu/Klein/Bethge/*Ulsamer* § 16 Rn. 7.

32 Siehe dazu unten Rn. 357 ff.

33 Vgl. Art. 68 II BV, *Pestalozza* S. 407 ff.

34 Wiedereinsetzung (Art. 17 IV 1 BayVerfGHG); Beweisaufnahme außerhalb der Sitzung, Ordnungs- und Zwangsmittel (Art. 23 III BayVerfGHG); Fragen der Kosten und Prozesskostenhilfe (Art. 27, 28 BayVerfGHG); Voruntersuchung i.R.d. Anklageverfahrens nach Art. 31 ff. BayVerfGHG (Art. 37 VI 3 BayVerfGHG).

II. Richter und Richterwahl

1. Qualifikation

Nach § 3 BVerfGG müssen die Richter des Bundesverfassungsgerichts 19

- mindestens 40 Jahre alt sein;
- zum Bundestag wählbar, also insbes. Deutsche i.S.d. Art. 116 GG (vgl. § 15 BWG)[35] sein;
- die Befähigung zum Richteramt besitzen (vgl. § 5 DRiG).

Drei Richter pro Senat werden aus der Reihe der Bundesrichter an den (anderen) Bundesgerichten gewählt (Art. 94 I 1 GG, § 2 III BVerfGG).

Bayern: 20
Die Richter des BayVerfGH müssen (Art. 5 I 1 BayVerfGHG)
- 40 Jahre alt sein und
- zum Landtag wählbar sein (Art. 22 LWG).[36]

Die Berufsrichter müssen darüber hinaus Richter auf Lebenszeit sein (Art. 5 III BayVerfGHG); die übrigen Mitglieder sollen die Befähigung zum Richteramt haben (Art. 5 I 3 BayVerfGHG).

2. Amtsperiode

Die Amtszeit der Bundesverfassungsrichter dauert zwölf Jahre; Altersgrenze ist das 68. Lebensjahr. Eine Wiederwahl ist ausgeschlossen (§ 4 BVerfGG). 21

Bayern: 22
Die Amtszeit des Präsidenten und der Berufsrichter am BayVerfGH beträgt acht Jahre, die der übrigen Mitglieder entsprechend der Amtsperiode des Landtages fünf Jahre (Art. 4 BayVerfGHG, Art. 19 LWG). Wiederwahl ist zulässig (Art. 4 III BayVerfGHG), eine Altersgrenze gibt es nicht.

3. Wahlverfahren

Die Richter jedes Senates des Bundesverfassungsgerichts werden je zur Hälfte vom Bundestag (indirekte Wahl, Wahlausschuss mit 12 Mitgliedern) und vom Bundesrat (direkte Wahl mit 2/3-Mehrheit) gewählt. Im Einzelnen ist das komplizierte Wahlverfahren in den §§ 5–9 BVerfGG geregelt.[37] 23

Bayern:
Die Mitglieder des BayVerfGH wählt der Landtag, Art. 4 BayVerfGHG.[38] 24

C. Allgemeine Verfahrensgrundsätze

I. Entscheidungsfindung

Ein Senat des Bundesverfassungsgerichts ist beschlussfähig, wenn mindestens sechs Richter anwesend sind (§ 15 II 1 BVerfGG). Grundsätzlich entscheidet die einfache Mehrheit der *anwesenden* Richter (§ 15 IV 2 BVerfGG); in einigen Fällen ist eine 25

35 Bundeswahlgesetz (Sartorius I Nr. 30).
36 Landeswahlgesetz (Ziegler/Tremel Nr. 430).
37 Zum Wahlverfahren und zur Kritik an diesem »politischen Wahlmodus« vgl. *Schlaich/Korioth* Rn. 42 ff.; *Benda/Klein* Rn. 129 ff.
38 Näher *Pestalozza* S. 409.

2/3-Mehrheit der Senats*mitglieder* vorgeschrieben (v.a. § 15 IV 1 BVerfGG). Bei Stimmengleichheit kann ein Verstoß gegen das GG oder sonstiges Bundesrecht nicht festgestellt werden (§ 15 IV 3 BVerfGG).

26 **Bayern:**
Die Senate des BayVerfGH (mit Ausnahme des Berufsrichterplenums, Art. 3 VI 2 BayVerfGHG) sind nur beschlussfähig, wenn sie vollzählig sind, es entscheidet die absolute Mehrheit (Art. 24 V BayVerfGHG i.V.m. § 196 I GVG; Art. 3 VI 4 BayVerfGHG). Die Einzelheiten sind in Art. 24 BayVerfGHG, Art. 24 V BayVerfGHG i.V.m. §§ 169–197 GVG geregelt.[39]

II. Sondervotum

27 Bei der Abstimmung unterlegene Richter können ihre abweichende Meinung in einem Sondervotum (»Dissenting opinion«) niederlegen und machen davon auch häufig Gebrauch. Das Sondervotum wird in der amtlichen Sammlung der Entscheidungen im Anschluss an die Mehrheitsentscheidung mit abgedruckt (§ 30 II BVerfGG). Unmittelbare praktische Auswirkungen haben diese Sondervoten nicht; sie dienen ausschließlich der gerichtsinternen und wissenschaftlichen Diskussion.

28 **Bayern:**
Sondervoten sind auch in Art. 25 V BayVerfGHG vorgesehen; sie werden in der Entscheidungssammlung mitveröffentlicht (im Gegensatz zum BVerfG ohne Angabe der/des Verfasser/s).

III. Verfahrensgrundsätze

1. Zuständigkeit, Enumerationsprinzip

29 Die Zuständigkeit des Bundesverfassungsgerichts regeln Art. 93 GG und § 13 BVerfGG. Es gilt das »Enumerationsprinzip«, d.h. es gibt keinen generalklauselartig umschriebenen »Rechtsweg« im sonst gewohnten Sinn (vgl. §§ 13 GVG, 40 VwGO, 33 FGO, 51 SGG), sondern eine abschließende Aufzählung der möglichen Verfahrensarten. In der Literatur werden diese Verfahren in unterschiedlicher Weise systematisch eingeteilt.[40] Stern[41] unterscheidet:

30 (1) Organstreitverfahren (dazu unten 2. Kapitel A),
(2) Normenkontrollverfahren (unten 2. Kapitel B, C),
(3) Föderative Streitigkeiten (unten 2. Kapitel H),
(4) Besondere Verfassungsschutzverfahren (unten 2. Kapitel I),
(5) Wahl- und Mandatsprüfungen (unten 2. Kapitel F),
(6) Verfassungsbeschwerdeverfahren (unten 2. Kapitel G).

An dieser Einteilung orientiert sich auch das vorliegende Buch.

31 **Bayern:**
Im bayerischen Verfassungsprozessrecht gilt ebenfalls das Enumerationsprinzip (Art. 61 ff. BV, 2 BayVerfGHG); die Verfahrensarten entsprechen sich weitgehend.[42]

39 Siehe auch *Pestalozza* S. 413 f.
40 *Benda/Klein* Rn. 351 ff.; *Pestalozza* S. 62 ff.; *Schlaich/Korioth* Rn. 77 ff.; Auswirkungen auf die Fallbearbeitung hat die Einteilung nicht; sie dient nur der Übersichtlichkeit.
41 *Stern* S. 978.
42 Mit Ausnahme der föderativen Streitigkeiten, die es vor dem BayVerfGH naturgemäß nicht gibt.

2. Prozessordnung

Das BVerfGG enthält keine vollständige Prozessordnung. Vorschriften, die grund- 32
sätzlich für alle Verfahrensarten gelten, enthalten die §§ 17–35 BVerfGG (§ 17 verweist auf das GVG); danach folgen die Vorschriften über die einzelnen Verfahrensarten (§§ 36–97).

Lücken füllt das Bundesverfassungsgericht durch Analogien zum sonstigen deutschen Verfahrensrecht.[43] Das Bundesverfassungsgericht schafft sich sein Prozessrecht also teilweise selbst; insoweit ist es »Herr seiner Verfahren«.[44] Es beschränkt sich jedoch weitgehend auf die Übernahme allgemeiner Prozessrechtsgrundsätze und nimmt daher eine »Verfahrensautonomie« im Sinne freier Rechtsschöpfung nicht in Anspruch, sondern hält sich im Rahmen bestehenden Prozessrechts.[45]

Eine Ausnahme bildet das Vollstreckungsrecht:[46] § 35 BVerfGG räumt dem Bundes- 33
verfassungsgericht die Befugnis ein, selbst zu bestimmen, wer seine Entscheidung vollstreckt und die Art und Weise der Vollstreckung zu regeln.[47] Daraus hat das Gericht geschlossen, es seien ihm »alle zur Durchsetzung seiner Entscheidungen nötigen Kompetenzen« eingeräumt.[48]

Bayern: 34
Das BayVerfGHG enthält eine allgemeine Verweisung auf die VwGO und (ergänzend) die ZPO (Art. 30 I BayVerfGHG). Die Geschäftsordnung[49] des BayVerfGH (vgl. Art. 30 II BayVerfGHG) hat seit der Reform[50] des BayVerfGHG zum 1.1.1991 erheblich an Bedeutung verloren, da viele Regelungen in das Gesetz übernommen wurden. Die Regelung des Entscheidungsvollzuges (Art. 29 II BayVerfGHG) entspricht der bundesrechtlichen.

3. Antragsprinzip[51]

Das Bundesverfassungsgericht wird nur auf Antrag[52] tätig (§ 23 I 1 BVerfGG), der 35
schriftlich einzureichen und zu begründen (§ 23 I 2 BVerfGG) ist (BayVerfGH: Art. 14 BayVerfGHG; Begründungspflichten finden sich jeweils bei den einzelnen Verfahrensarten).

4. Prozessvertretung

Anwaltszwang besteht beim Bundesverfassungsgericht nur in der mündlichen Ver- 36
handlung (§ 22 I 1 BVerfGG).[53] Einige Staatsorgane können sich auch dort von ihren Mitgliedern bzw. Beamten vertreten lassen (§ 22 I 2, 3 BVerfGG).

43 BVerfGE 72, 122 (132 f. m.RV.).
44 BVerfGE 13, 54 (94); 36, 342 (357).
45 So sinngemäß auch *Schlaich/Korioth* Rn. 54 ff.; *Benda/Klein* Rn. 114 ff.; *E. Klein* AöR 108 (1983), 410, 561 (618 ff.).
46 Die Frage der Entscheidungsvollstreckung ist kaum prüfungsrelevant.
47 Dazu ausführlich *Benda/Klein* Rn. 1349 ff.
48 BVerfGE 6, 300 (303 f.).
49 GVBl. 1991/1, S. 36 ff., im »Ziegler/Tremel« nicht abgedruckt. Frühere Fassung: GVBl. 1963/14, S. 151 ff.
50 Dazu *Pestalozza* NVwZ 1991, 1059 ff.
51 *Benda/Klein* Rn. 178 ff.
52 Zur einstweiligen Anordnung von Amts wegen siehe unten Rdn. 486.
53 *Benda/Klein* Rn. 197 ff.

37 **Bayern:**
Vor dem BayVerfGH besteht grundsätzlich kein Anwaltszwang (vgl. Art. 16 I BayVerfGHG); jedoch ist bei einzelnen Verfahrensarten ein Bevollmächtigter vorgeschrieben (Art. 31 III – Anklageverfahren; Art. 47 II – Ausschluss von Wählergruppen; Art. 48 II 2 – Wahlprüfung; Art. 49 II 2, 3 BayVerfGHG – Organstreitverfahren). Darüber hinaus kann das Gericht einem Beteiligten gegebenenfalls aufgeben, einen Bevollmächtigten zu bestellen (Art. 16 II BayVerfGHG). Wer als Bevollmächtigter bestellt werden kann, ist in Art. 16 IV BayVerfGHG geregelt; zur Postulationsfähigkeit siehe Art. 16 V BayVerfGHG.

5. »a limine«-Abweisung[54]

38 Unzulässige oder offensichtlich unbegründete Anträge zum Bundesverfassungsgericht können durch *einstimmigen* Beschluss verworfen werden (§ 24 I 1 BVerfGG). Dies dient der Entlastung des Gerichts und gilt für *alle Verfahrensarten*.[55] Die Entscheidung ergeht als Beschluss, also ohne mündliche Verhandlung (vgl. § 25 II BVerfGG).

39 Im Verfassungsbeschwerdeverfahren gibt es daneben noch das sog. »Annahmeverfahren«[56] (Art. 94 II 2 GG, §§ 93a ff. BVerfGG): Eine Verfassungsbeschwerde bedarf der Annahme zur Entscheidung (§ 93a I BVerfGG). Darüber entscheidet gemäß § 93b BVerfGG zunächst – ohne mündliche Verhandlung, § 93d I 1 BVerfGG – die Kammer (§ 15a BVerfGG).[57] Sie kann durch *einstimmigen* (§ 93d III 1 BVerfGG) Beschluss

- die Annahme ablehnen (Voraussetzungen: § 93a II BVerfGG) oder
- der Verfassungsbeschwerde stattgeben; die Voraussetzungen hierfür sind in § 93c BVerfGG geregelt. Nur auf diesen Fall bezieht sich die Kompetenz der Kammer zur Annahme einer Verfassungsbeschwerde (§ 93b S. 1, 2. Alt. BVerfGG).

Wenn die Kammer weder die Annahme ablehnt noch der Beschwerde stattgibt, so entscheidet der Senat (§ 93b S. 2 BVerfGG) über die Annahme (Voraussetzungen: § 93a II BVerfGG).

40 Ist die Verfassungsbeschwerde angenommen, so kann sie immer noch nach § 24 BVerfGG abgewiesen werden.[58] Eine Entscheidung nach § 24 BVerfGG ohne vorherige Annahme der Verfassungsbeschwerde ist dagegen nicht möglich.[59]

41 **Bayern:**
Im bayerischen Recht gibt es keine dem § 24 BVerfGG entsprechende Vorschrift.[60] Auch die vereinfachte Möglichkeit der Zurückweisung verspäteter oder wiederholter Verfassungsbeschwerden nach Art. 47 V, 52 BayVerfGHG a.F. gibt es seit der Reform 1990 nicht mehr.

54 Kaum prüfungsrelevant.
55 *Benda/Klein* Rn. 319 ff.
56 Näher unten Rdn. 357 ff.
57 Vgl. oben Rdn. 17.
58 Maunz/Schmidt-Bleibtreu/Klein/Bethge/*Klein* § 24 Rn. 22.
59 Maunz/Schmidt-Bleibtreu/Klein/Bethge/*Klein* § 24 Rn. 22.
60 Obwohl Reformbestrebungen in dieser Richtung seit langem im Gange sind, vgl. *Pestalozza* S. 403 f.

6. Untersuchungsgrundsatz

Im verfassungsgerichtlichen Verfahren gilt der Untersuchungsgrundsatz, d.h. das Gericht ermittelt den erheblichen Sachverhalt *von Amts wegen* (§ 26 BVerfGG,[61] Art. 23 BayVerfGHG).[62] 42

7. Mündliche Verhandlung

Bundesverfassungsgericht und BayVerfGH entscheiden grundsätzlich aufgrund mündlicher Verhandlung, soweit nicht 43

- etwas anderes bestimmt ist (z.B. § 66a BVerfGG für Verfahren nach dem Untersuchungsausschussgesetz,[63] Beschlüsse nach §§ 16, 24, 93b BVerfGG und unten Rdn. 44 f.);
- alle Beteiligten darauf verzichten (§ 25 BVerfGG, Art. 22 I 2 BayVerfGHG).

Ausnahmen gibt es jeweils im Verfassungsbeschwerdeverfahren: Das Bundesverfassungsgericht kann von mündlicher Verhandlung absehen, wenn (§ 94 V 2 BVerfGG) 44

- von ihr keine weitere Förderung des Verfahrens zu erwarten ist und
- die äußerungsberechtigten[64] Verfassungsorgane, *die* dem Verfahren *beigetreten sind*, darauf verzichten.

In der Praxis ist die mündliche Verhandlung über eine Verfassungsbeschwerde eine seltene Ausnahme.[65]

Das BVerfG kann auch bei der Wahl- und Mandatsprüfung von einer mündlichen Verhandlung absehen, wenn von ihr keine weitere Förderung des Verfahrens zu erwarten ist (§ 48 III BVerfGG).

Beim BayVerfGH ist im Verfassungsbeschwerdeverfahren die Entscheidung ohne mündliche Verhandlung sogar die gesetzlich vorgesehene Regel (Art. 53 I 1 BayVerfGHG); der BayVerfGH oder sein Präsident können aber mündliche Verhandlung anordnen (Art. 53 I 2 BayVerfGHG). 45

Wenn eine mündliche Verhandlung stattfindet, ist sie grundsätzlich öffentlich (§ 17 BVerfGG bzw. Art. 24 V BayVerfGHG i.V.m. §§ 169 ff. GVG). 46

8. Beteiligte

Im Zivil- und Verwaltungsprozess gibt es einen Kläger und einen Beklagten als Beteiligte (vgl. § 63 VwGO). Dem entsprechen im Verfassungsprozess in den meisten Verfahrensarten Antragsteller und Antragsgegner. Bei abstrakter Normenkontrolle und im Verfassungsbeschwerdeverfahren gibt es jedoch *keinen Antrags-/Beschwerdegegner*; bei der konkreten Normenkontrolle sind weder das vorlegende Gericht noch 47

61 *Benda/Klein* Rn. 252 ff.
62 *Pestalozza* S. 413.
63 PUAG (Sartorius I Nr. 6)
64 Die betroffenen Verfassungsorgane können sich gem. § 94 I, II, IV BVerfGG zu einer Verfassungsbeschwerde äußern und gem. § 94 V 1 BVerfGG dem Verfahren beitreten.
65 *Badura* S. 701; *Schlaich/Korioth* Rn. 69.

die Parteien des Ausgangsverfahrens Beteiligte.[66] Es gibt jedoch zahlreiche Beitrittsrechte (z.B. §§ 82 II, 94 V 1 BVerfGG); der Beitritt führt zur Beteiligtenstellung. Die Äußerungsrechte (z.B. §§ 77, 82 III, 94 BVerfGG, Art. 50 III, 52, 55 II BayVerfGHG) *allein* führen nicht zur Beteiligtenstellung des Berechtigten.[67]

66 *Benda/Klein* Rn. 194 ff.

67 Beitritts- und Äußerungsrechte sind wenig prüfungsrelevant; auch der Prüfungspunkt »Passivlegitimation« ist üblicherweise in den Aufbauschemata zum Verfassungsprozessrecht nicht enthalten, obwohl auch hier Probleme liegen können, vgl. *Scholler/Birk* Fall 10 (S. 123); BVerfGE 60, 374 (378).

2. Kapitel. Die Verfahrensarten

A. Die Organstreitverfahren

I. Organstreit gem. § 13 Nr. 5 BVerfGG[68]

Die Zuständigkeit des BVerfG für diese (v.a. in den Übungen oft geprüfte) Verfahrensart regeln Art. 93 I Nr. 1 GG, § 13 Nr. 5 BVerfGG, die inhaltlich voll übereinstimmen. Spezielle Verfahrensregelungen enthalten §§ 63–67 BVerfGG. 48

1. Antragsteller und Antragsgegner

Als mögliche Antragsteller und Antragsgegner sind in § 63 BVerfGG der Bundespräsident, der Bundestag, der Bundesrat und die Bundesregierung genannt; daneben die durch GG, GeschOBT oder GeschOBR mit eigenen Rechten ausgestatteten Teile dieser Organe. 49

In der Klausur sind eigene Rechte, die die Parteifähigkeit des jeweiligen Organ*teiles* begründen,[69] *anzugeben* (also etwa § 7 GeschOBT für den Präsidenten des Bundestages). Es kommt *hier* nicht auf die im konkreten Fall tangierten Rechte an. Im Hinblick auf die Antragsbefugnis (dazu unten Rdn. 58 ff.) ist es aber zur Arbeitserleichterung in der Regel sinnvoll, auch bei der Parteifähigkeit (jedenfalls des Antragstellers) bereits auf die auch materiell einschlägigen Rechte abzustellen. 50

Als solche Organteile kommen in Betracht[70] 51

- der Präsident des Bundestages (ist eine Maßnahme Streitgegenstand, die sein Vertreter als »amtierender Präsident« [vgl. § 8 I GeschOBT] getroffen hat, so ist *richtiger*[71] Antragsgegner dennoch der Bundestagspräsident, BVerfGE 60, 374 [378]. Dies dürfte auf andere Stellvertretungsfälle übertragbar sein);
- der Präsident des Bundesrates;
- Ausschüsse und Fraktionen des Bundestages und des Bundesrates, einschl. der »Fraktion im Ausschuss«;
- einzelne Abgeordnete;
- bestimmte Minderheiten[72] in Bundestag und Bundesrat, denen besondere Rechte eingeräumt sind (vgl. z.B. Art. 39 III 3, 42 I 2 GG), nicht die sich bei Gelegenheit bildende Gruppe (also etwa die in einer Abstimmung unterlegene Minderheit);

---

68 Hierzu *Scholler/Birk* Fälle 10, 11; *Robbers* JuS 1994, 130 ff. (mit Fallbeispielen); *Kornbichler/Polster/Tiede/Urabl* S. 262 ff.

69 Vgl. hierzu in: Maunz/Schmidt-Bleibtreu/Klein/Bethge/*Bethge* § 63 Rn. 20 ff.; § 64 Rn. 65.

70 Vgl. *Stern* S. 980 f.; *Benda/Klein* Rn. 1001 ff.

71 Grundsätzlich ist i.R.d. Zulässigkeit die Parteifähigkeit des im Antrag als solchen bezeichneten Antragsgegners zu prüfen; ob der Antragsteller den *richtigen* Antragsgegner gewählt hat, ist eine Frage der Passivlegitimation und damit der *Begründetheit* (a.A. *Benda/Klein* Rn. 1027). Geht jedoch in der Klausur – wie meist – aus dem Sachverhalt nicht hervor, wer als Antragsgegner bezeichnet ist, so ist dies als *Vorfrage* zu klären. Nach Möglichkeit ist ein Antrag auch entsprechend – sachgerecht – auszulegen; BVerfGE 60, 374 (378).

72 Eingehend *Pestalozza* S. 107 f.

- Mitglieder der Bundesregierung[73] (Art. 65 S. 3 GG schließt als »lex specialis« einen Organstreit zwischen zwei Ministern aus!).

52 § 63 BVerfGG ist jedoch enger gefasst als Art. 93 I Nr. 1 GG. Soweit Art. 93 I Nr. 1 GG mögliche Beteiligte umfasst, die sich nicht unter § 63 BVerfGG subsumieren lassen, entnimmt das BVerfG die Parteifähigkeit unmittelbar aus Art. 93 I Nr. 1 GG, ohne sich mit der Frage einer möglichen (teilweisen) Verfassungswidrigkeit des § 63 BVerfGG auseinanderzusetzen[74]. Mögliche Beteiligte sind demzufolge weiterhin[75]

- der Gemeinsame Ausschuss (Art. 53a GG) und die Bundesversammlung (Art. 54 GG) als weitere »oberste Bundesorgane«;
- die politischen Parteien als durch Art. 21 GG mit eigenen Rechten ausgestattete »andere Beteiligte«.

Umstritten, im Ergebnis aber abzulehnen ist die Parteifähigkeit von Bundesrechnungshof, Bundesbank und Wehrbeauftragtem des Bundestages. Das BVerfG selbst kann nicht Beteiligter sein.

53 Praxis- und prüfungswichtig sind aus diesem letzten Kreis (Rdn. 52) bislang nur die Parteien. Obwohl sie nicht Träger von Hoheitsgewalt sind, nehmen sie doch als »verfassungsrechtlich notwendige Institutionen« an der Willensbildung des Volkes in einer Weise teil, dass sie in Rang und Funktion obersten Bundesorganen gleichstehen und deshalb[76] als »andere Beteiligte« i.S.d. Art. 93 I Nr. 1 GG anzusehen sind.[77] Sie sind daher beteiligtenfähig zur Verteidigung ihres Status, den ihnen Art. 21 I GG verleiht.[78] Dies gilt jedoch nur für Parteien i.S.v. Art. 21 GG und § 2 PartG, nicht für andere Wählervereinigungen.[79]

54 Zu diesem Kreis (oben Rdn. 49–53) müssen Antragsteller und Antragsgegner gehören, d.h. beide müssen unter § 63 BVerfGG oder Art. 93 I Nr. 1 GG subsumiert werden können.[80]

2. Verfahrensgegenstand (Statthaftigkeit)

55 Gegenstand eines Organstreitverfahrens kann nur eine (konkrete) Maßnahme oder Unterlassung des Antragsgegners sein, §§ 64 I, 67 S. 1 BVerfGG; dementsprechend wird auch der Begriff »Streitigkeiten« in Art. 93 I Nr. 1 GG ~~ausgelegt~~.[81] Das BVerfG entscheidet über die Frage, ob diese Maßnahme oder Unterlassung gegen das GG verstößt.

⚠ keine Auslegung nach einfachem Recht; kenntlich machen bei Verweisen.

73 Die teilweise auch als eigenständige Organe bezeichnet werden (vgl. *Benda/Klein* Rn. 995); für die Klausur empfiehlt es sich, »eigene Rechte« jdf. »hilfsweise« anzugeben.

74 *Pestalozza* S. 108 m.N.; BVerfGE 13, 54 (81). Dies braucht auch in der Klausur nicht problematisiert zu werden, soweit nicht der Sachverhalt dies ausdrücklich nahelegt.

75 *Benda/Klein* Rn. 995 f., 1010 f.

76 BVerfGE 13, 54 (95 f.).

77 BVerfGE 13, 54 (82); 60, 53 (61 f.); 82, 322 (335).

78 *Benda/Klein* Rn. 1011.

79 Wie reine »Rathaus-Parteien« oder Wählervereinigungen ohne feste Organisation; vgl. *Pestalozza* S. 79 f.; BVerfG NVwZ 1996, 54 ff.

80 Zur – kraft ausdrücklicher Normierung unproblematischen – Zulässigkeit dieses Insichprozesses vgl. *Schlaich/Korioth* Rn. 79.

81 *Benda/Klein* Rn. 982.

Die Maßnahme/Unterlassung muss rechtserheblich[82] sein; *bloße* Meinungsäußerungen – wie die bloße Behauptung der Verfassungswidrigkeit eines Gesetzentwurfs – genügen nicht. Hier sollten die Anforderungen in der Klausur aber nicht zu hoch angesetzt werden,[83] denn der Prüfungspunkt hat neben »Antragsbefugnis« wenig eigenständige Bedeutung. 56

»Maßnahme« in diesem Sinne kann auch der Erlass einer Norm (z.B. Gesetz, Vorschrift der GeschO) oder ein Unterlassen des Normsetzers (soweit ausnahmsweise eine verfassungsmäßige Rechtspflicht zur Normsetzung besteht) sein.[84] 57

3. Antragsbefugnis

Der Antragsteller muss grundsätzlich geltend machen, in eigenen verfassungsmäßigen Rechten verletzt (oder unmittelbar gefährdet) zu sein (§ 64 I BVerfGG). In Betracht kommen nur Kompetenz- und Statusrechte, die dem Antragsteller *gerade in seiner Funktion als Organ(teil)* zustehen;[85] ein Abgeordneter z.B. kann also hier nicht seine Grundrechte geltend machen (sondern nur mit Verfassungsbeschwerde; vgl. aber unten Rdn. 255 und dort Fn. 347!). 58

Daneben enthält § 64 I BVerfGG einen Fall der gesetzlichen Prozessstandschaft:[86] Der Antragsteller kann auch Rechte des Organs, dem er angehört, *in eigenem Namen*[87] geltend machen (auch dann, wenn dieses Organ selbst – etwa die Mehrheit des Bundestages – seine Rechte nicht für verletzt hält). Eine Fraktion kann also Rechte des Bundestages geltend machen, wohl auch ein Ausschuss.[88] Der einzelne Abgeordnete und die (parteifähigen) Minderheiten dagegen können Rechte des Bundestages nicht geltend machen,[89] sondern nur eigene. 59

Auf der Seite des Antragsgegners gibt es keine Prozessstandschaft[90]. 60

»Geltend machen« heißt, der Antragsteller muss eine Rechtsverletzung (oder unmittelbare Gefährdung) behaupten und auch behaupten können; d.h. sie muss – entsprechend der Klagebefugnis gem. § 42 II VwGO[91] – nach dem Vortrag des Antragstellers als möglich erscheinen, plausibel dargelegt sein.[92] Die *bloße* Behauptung genügt *nicht* – andererseits ist eine Prüfung der Schlüssigkeit[93] oder gar des *tatsächlichen* Vorlie- 61

82 Hierzu *Benda/Klein* Rn. 1025; *Schlaich/Korioth* Rn. 93.
83 Obwohl das BVerfG selbst eine »parlamentarische Rüge« als in der Regel nicht rechtserheblich qualifiziert hat, BVerfGE 60, 374 (381 f.); dazu *Achterberg* JuS 1983, 840 ff.
84 *Benda/Klein* Rn. 1025 m.N.
85 Chancengleichheit der politischen Parteien ergibt sich aus Art. 21 I 2 GG; BVerfGE 73, 40 (65 f.). Maßgeblich ist insoweit der Zeitpunkt, in dem der Verfassungsstreit anhängig gemacht wird; vgl. BVerfG NJW 2003, 3401 (3402).
86 *Benda/Klein* Rn. 1014, 1020; a.A. *D. Lorenz* Der Organstreit vor dem Bundesverfassungsgericht, in: Bundesverfassungsgericht und Grundgesetz I, 1976, S. 225 (252 f.).
87 Des *Antragstellers*, der dann auch *selbst* Partei des Rechtsstreites ist; zu unterscheiden von Vertretung: Dort werden Rechte im Namen des Vertretenen geltend gemacht, Partei ist der Vertretene!
88 BVerfGE 67, 100 (125).
89 BVerfGE 2, 143 (165 f.); 62, 1 (32); 90, 286 (342 ff.); *Schlaich/Korioth* Rn. 94; *Benda/Klein* Rn. 1021 ff.; zweifelnd *Pestalozza* S. 115.
90 Maunz/Schmidt-Bleibtreu/Klein/Bethge/*Bethge* § 64 Rn. 93.
91 Hierzu *Kopp/Schenke* § 42 VwGO Rn. 175 ff.
92 *Schlaich/Korioth* Rn. 94; *Pestalozza* S. 116.
93 Zu diesem Begriff vgl. *Thomas/Putzo* § 331 ZPO Rn. 5.

gens einer Rechtsverletzung hier fehl am Platze. Zu prüfen (und zumindest kurz zu begründen) ist,

- ob das geltend gemachte Recht (möglicherweise) besteht;
- ob es dem Antragsteller (möglicherweise) zusteht (bzw. im Fall der Prozessstandschaft, ob es dem Organ zusteht, dessen Rechte geltend gemacht werden, und ob Prozessstandschaft zulässig ist, ob also der Antragsteller Teil *dieses* Organs ist);
- ob dieses Recht durch die angegriffene Maßnahme/Unterlassung möglicherweise verletzt ist.

Längere Ausführungen zu den ersten beiden Punkten sind äußerst selten veranlasst, umfangreichere Probleme sind im Rahmen der Begründetheitsprüfung auszudiskutieren. Auch zum dritten Punkt genügt die Feststellung, dass das Recht in rechtlich erheblicher[94] Weise tangiert ist (dies entspricht der Prüfung des »Schutzbereichs« in der Grundrechtsprüfung).

62 Im Organstreitverfahren können nur Rechte geltend gemacht werden, die sich aus dem GG ergeben (einschließlich der ungeschriebenen Verfassungsgrundsätze) oder doch zumindest daraus ableitbar sind. Beruft sich der Antragsteller auf Rechte, die sich aus Normen im Rang unter dem Verfassungsrecht ergeben, so ist zu prüfen, ob diese Rechte Ausgestaltungen oder Konkretisierungen verfassungsmäßiger Rechte darstellen (was bei Rechten aus der GeschOBT in großem Umfang der Fall ist!); die Antragsbefugnis ergibt sich dann aus der zugrundeliegenden Verfassungsnorm (die auch alleiniger Prüfungsmaßstab ist!). Rechte, die sich *allein* aus Normen im Rang unter dem Verfassungsrecht ergeben, begründen *keine* Antragsbefugnis.[95]

4. Rechtsschutzbedürfnis

63 Das Vorliegen eines Rechtsschutzbedürfnisses ist durch die Antragsbefugnis grundsätzlich indiziert.[96] Es ist daher nur zu prüfen, wenn konkrete Anhaltspunkte für das *Fehlen* vorliegen. Das ist vor allem dann der Fall, wenn es für den Antragsteller einen einfacheren Weg gibt (oder gegeben hätte), das angestrebte Ziel zu erreichen. »Einfacherer Weg« in diesem Sinne sind aber jedenfalls nicht andere verfassungsgerichtliche Verfahrensarten.[97] Das Rechtsschutzbedürfnis fehlt regelmäßig nicht, wenn die angegriffene Maßnahme abgeschlossen ist und auch nicht mehr fortwirkt;[98] auch das Ende der Legislaturperiode lässt es grundsätzlich nicht entfallen.[99]

5. Form und Frist

64 Der Antrag ist schriftlich einzureichen und zu begründen (§ 23 I BVerfGG). Die Begründung muss die angegriffene Maßnahme und das – angeblich – verletzte Recht bezeichnen und die Antragsbefugnis erkennen lassen (§ 64 II BVerfGG); dabei genügt

94 Vgl. oben Rdn. 56!
95 Auch nicht »eigene Rechte« *allein* aus einer GeschO, die zur Parteifähigkeit führen – sie ermöglichen nur das Auftreten in Prozessstandschaft.
96 *Benda/Klein* Rn. 1033; *Pestalozza* S. 118.
97 Vgl. *Degenhart* Rn. 753; BVerfGE 68, 1 (77 f.).
98 Maunz/Schmidt-Bleibtreu/Klein/Bethge/*Bethge* § 64 Rn. 98 ff.
99 *Pestalozza* S. 118 (dort auch zur Antragsrücknahme).

es aber, wenn das Rechtsschutzziel im Wege der Auslegung hinreichend deutlich ermittelt werden kann.[100]

Der (vollständige, d.h. insbesondere ausreichend begründete) Antrag muss binnen sechs Monaten gestellt werden, nachdem die angegriffene Maßnahme dem Antragsteller bekannt geworden ist (§ 64 III BVerfGG), die Berechnung der Frist richtet sich nach §§ 187 ff. BGB.[101] Nach Ablauf der Frist ist weder eine Antragserweiterung noch ein Nachholen[102] der Begründung möglich; auch Wiedereinsetzung in den vorigen Stand kann nicht gewährt werden, da es sich um eine Ausschlussfrist handelt.[103] 65

Einem Kollegialorgan ist ein Akt »bekannt geworden«, wenn die Mitglieder in zumutbarer Weise Gelegenheit hatten, davon Kenntnis zu nehmen. Normen gelten mit ihrer Verkündung als allgemein bekannt.[104] Bei Unterlassungen läuft die Frist ab dem Zeitpunkt, in dem der Antragsgegner die fragliche Maßnahme für den Antragsteller erkennbar verweigert hat.[105] 66

6. Beitritt

Die Entscheidung des BVerfG ist auch für nicht beteiligte Organe bindend (§ 31 I BVerfGG). Deshalb können betroffene Antragsberechtigte dem Verfahren beitreten (§ 65 I BVerfGG).[106] 67

7. Entscheidung

Das BVerfG prüft die angegriffene Maßnahme am Maßstab des GG, nicht an Normen im Rang unter dem Verfassungsrecht. Dennoch kann es – v.a. in der Klausur – angezeigt sein, zunächst festzustellen, ob ein Verstoß gegen z.B. die GeschOBT vorliegt, und erst dann zu erörtern, ob darin auch ein Verstoß gegen Verfassungsrecht liegt (vgl. oben Rdn. 62). Das BVerfG beschränkt sich dabei auf die Prüfung der vom Antragsteller gerügten Rechte.[107] 68

Ist der Antrag begründet, so stellt das BVerfG die Verfassungswidrigkeit der angegriffenen Maßnahme oder Unterlassung fest (§ 67 S. 1 BVerfGG). Es kann die Maßnahme weder aufheben noch eine Norm für nichtig erklären.[108] Unbegründete Anträge werden – ohne Feststellung der Verfassungsmäßigkeit der angegriffenen Maßnahme – zurückgewiesen. 69

Das BVerfG kann eine entscheidungserhebliche Vorfrage zur Klarstellung mitentscheiden (§ 67 S. 3 BVerfGG),[109] jedoch auch in diesem Rahmen nicht Maßnahmen aufheben oder Normen für nichtig erklären. Die Aufnahme in den Tenor führt zu 70

100 *Benda/Klein* Rn. 1034 f. m.N.; vgl. auch *Kopp/Schenke* § 82 VwGO Rn. 10!
101 BVerfGE 102, 254 (295); vgl. *Hillgruber/Goos* Rn. 235.
102 Ergänzung ist dagegen noch möglich, wenn fristgemäß ein *zulässiger* Antrag gestellt wurde; *Benda/Klein* Rn. 1038.
103 Maunz/Schmidt-Bleibtreu/Klein/Bethge/*Bethge* § 64 Rn. 128; BVerfGE 24, 252 (257 f.).
104 Anders BVerfGE 80, 188 (209 f.). Berechtigte Kritik daran übt *Pestalozza* S. 110 (dort Fn. 90).
105 *Pestalozza* S. 118 f.
106 *Benda/Klein* Rn. 1039 ff.; vgl. auch oben Rdn. 47.
107 BVerfGE 73, 1 (28).
108 *Schlaich/Korioth* Rn. 97; *Benda/Klein* Rn. 1048 ff.
109 *Benda/Klein* Rn. 1049; nicht prüfungsrelevant.

Rechtskraft und Bindungswirkung gem. § 31 I BVerfGG. Diese Möglichkeit steht im Ermessen des Gerichts und ist unabhängig von Anträgen der Beteiligten.

8. Prüfungsschema[110]

71 I. Zulässigkeit[111]
  1. Zuständigkeit des BVerfG
     – Art. 93 I Nr. 1 GG, § 13 Nr. 5 BVerfGG.
  2. Parteifähigkeit
     a) Antragsteller (Antragsberechtigung)
        – § 63 BVerfGG, Art. 93 I Nr. 1 GG,
     b) Antragsgegner
        – § 63 BVerfGG, Art. 93 I Nr. 1 GG.
  3. Verfahrensgegenstand, § 64 I BVerfGG
     – konkrete, rechtserhebliche Maßnahme oder Unterlassung.
  4. Antragsbefugnis, § 64 I BVerfGG
     a) (mögliches) *Recht aus dem GG*, bei Rechten aus Normen anderer Rangstufen: Ableitbarkeit des Rechtes aus dem GG,
     b) Recht *des Antragstellers*
        oder
        Recht des Organs und Fall der zulässigen Prozessstandschaft (anerkannt: Fraktion macht Rechte des BT geltend),
     c) mögliche Verletzung dieses Rechts.
  5. Rechtsschutzbedürfnis (nur, wenn Anhaltspunkte für Fehlen).
  6. Form (§§ 23 I, 64 II BVerfGG) und Frist (§ 64 III BVerfGG).

II. Begründetheit
  – Prüfungsmaßstab: *verfassungsmäßige* Rechte des Antragstellers (soweit geltend gemacht – im Gutachten nicht zu eng fassen!).

II. Andere Organstreitigkeiten

1. Art. 93 I Nr. 4, 3. Alt. GG (innerhalb eines Landes) i.V.m. § 13 Nr. 8 BVerfGG[112]

72 Das BVerfG ist auch für öffentlich-rechtliche Streitigkeiten innerhalb eines Landes zuständig. Trotz des Wortlauts sind davon nur verfassungsrechtliche Streitigkeiten erfasst, und zwar gem. § 71 I Nr. 3 BVerfGG nur Organstreitigkeiten innerhalb eines Landes.[113]

Diese Zuständigkeit ist aber subsidiär (»soweit nicht ein anderer Rechtsweg gegeben ist«); das bedeutet: Wer gem. § 71 I Nr. 3 BVerfGG (abschließend!) antragsberechtigt ist, kann das BVerfG anrufen, wenn er nach Landesrecht nicht Antragsteller im Organstreit vor dem Landesverfassungsgericht sein kann.

110 Das Verfassungsprozessrecht ist aufgrund seiner lückenhaften Rechtsquellen noch weniger als das sonstige Prozessrecht dazu geeignet, durch Schemata erfasst zu werden. Alle hier angebotenen Schemata sollten daher als Anhaltspunkte, keinesfalls aber als starre Raster verstanden werden. Der Einzelfall kann Überschneidungen mit sich bringen, Umstellungen erfordern oder sogar weitere Prüfungspunkte nötig machen. Hierzu auch *Schwerdtfeger* Rn. 11 ff.

111 *Degenhart* Rn. 750 ff.

112 In Bayern kaum prüfungsrelevant!

113 Verfassungsgemäße Einschränkung, BVerfGE 27, 240 (245 ff.).

Beispiel: Eine politische Partei, wenn das Landesverfassungsgericht die Antragsberechtigung politischer Parteien im Organstreit nach Landesrecht verneint (vgl. BVerfGE 4, 375 [377 ff.]).

Da der BayVerfGH sich weitgehend an die Rechtsprechung des BVerfG anlehnt und auch die Parteifähigkeit der politischen Parteien im Organstreitverfahren bejaht hat,[114] spielt diese subsidiäre Zuständigkeit des BVerfG in Bayern keine Rolle. Sie wäre i.Ü. ganz ähnlich dem Bundesorganstreit zu prüfen:[115]

I. Zulässigkeit 73
   1. Zuständigkeit: Art. 93 I Nr. 4, 3. Alt. GG, § 13 Nr. 8 BVerfGG.
   2. Parteifähigkeit: § 71 I Nr. 3 BVerfGG.
   3. Verfahrensgegenstand: Maßnahme oder Unterlassung des Antragsgegners.
   4. Kein anderer Rechtsweg (Wäre Organstreit vor dem Landesverfassungsgericht möglich? Ist das BVerfG gem. Art. 99 GG zuständig?[116]).
   5. Antragsbefugnis: mögliche Verletzung von Rechten aus der *Landesverfassung*; Prozessstandschaft ist nicht möglich.
   6. Rechtsschutzbedürfnis: wie oben Rdn. 63, 71.
   7. Form und Frist: § 23 I BVerfGG, § 64 III i.V.m. § 71 II BVerfGG.

II. Begründetheit
   1. Maßstab: Rechte aus der Landesverfassung.
   2. Inhalt: Feststellung der Verfassungswidrigkeit, § 72 II BVerfGG.

2. Art. 93 I Nr. 5, 99 GG i.V.m. § 13 Nr. 10 BVerfGG

In diesem Fall wird das BVerfG im Wege der Organleihe *als Landesverfassungsgericht* bei Organstreitigkeiten *innerhalb* eines Landes tätig. Dies setzt jedoch eine Zuweisung durch Landesgesetz voraus, die es nur in Schleswig-Holstein gibt. Das Verfahren richtet sich weitgehend nach Landesrecht, §§ 73–75 BVerfGG enthalten nur wenige, meist subsidiäre Vorschriften.[117] 74

III. Organstreitigkeiten in Bayern

Die Zuständigkeit des BayVerfGH für Organstreitigkeiten regeln Art. 64 BV, Art. 2 Nr. 4 BayVerfGHG. Spezielle Verfahrensvorschriften enthält Art. 49 BayVerfGHG. 75

1. Antragsteller

Als mögliche Beteiligte nennen Art. 64 BV, Art. 49 I BayVerfGHG oberste Staatsorgane (des Freistaates Bayern!) und Teile dieser Organe mit eigenen *verfassungsmäßigen*[118] Rechten. Art. 49 II 1 BayVerfGHG zählt als antragsberechtigte oberste Staatsorgane den Landtag und die Staatsregierung auf. Antragsberechtigte Organteile (entsprechend dem Bundesrecht, oben Rdn. 51) mit eigenen verfassungsmäßigen Rechten sind 76

114 BayVerfGHE n.F. 23, 80 (84 f.).
115 Näher *Benda/Klein* Rn. 1112 ff.
116 Dazu sogleich Rn. 74.
117 Näher *Benda/Klein* Rn. 1185 ff.; *Robbers* JuS 1994, 854.
118 Rechte aus Geschäftsordnungen führen also *nicht* zur Antragsberechtigung!

- der Landtagspräsident, der Ministerpräsident, die Staatsminister[119] (Art. 21, 45, 47, 51 I BV);
- Fraktionen,[120] Ausschüsse (Art. 24 I BV), einzelne Abgeordnete (Art. 27–31 BV), Minderheiten des Landtages mit eigenen Rechten (z.B. Art. 17 II, 22 I 2, 25 I, 61 IV BV); nicht die sich bei Gelegenheit ergebende Minderheit;

daneben aber auch (abweichend vom Bundesrecht)

- die einfache Mehrheit des Landtages (Art. 23 I BV);
- Teile des Staatsvolkes (Art. 18 III, 74 I BV).[121]

77 Über den Wortlaut des Art. 64 BV hinaus (der im Gegensatz zu Art. 93 I Nr. 1 GG nicht von »anderen Beteiligten« spricht) hat der BayVerfGH auch die politischen Parteien (genauer: den jeweiligen Landesverband) als parteifähig anerkannt.[122] Die Grundlage ihres Status' bildet Art. 21 GG, der auch unmittelbar geltendes *Landes*verfassungsrecht ist,[123] d.h. den Parteien in den Ländern denselben Status verleiht wie im Bund.[124]

2. Antragsgegner

78 Der Kreis der möglichen Antragsgegner deckt sich – ebenso wie im Bundesrecht, oben Rdn. 54 – mit dem der Antragsberechtigten, obwohl das bayerische Recht dies nicht ausdrücklich regelt.[125]

3. Verfahrensgegenstand (Statthaftigkeit)

79 Im bayerischen Recht gibt es keine Vorschrift, die den Streitgegenstand beschreibt (wie §§ 64 I, 67 BVerfGG). Der Begriff der Verfassungsstreitigkeit wird in erster Linie durch den formellen Gesichtspunkt der Streitbeteiligten bestimmt.[126] Zwischen diesen muss Streit herrschen, was der Fall ist, wenn der Antragsteller vorträgt, durch eine Behauptung, Maßnahme oder Unterlassung des Antragsgegners in Rechten verletzt zu sein; und es muss um verfassungsmäßige (BV!) Rechte gehen.[127]

80 D.h. im Ergebnis: Streitgegenstand kann jede (rechtserhebliche) Behauptung, Maßnahme oder Unterlassung des Antragsgegners sein, einschließlich Normsetzung[128]

---

119 Diese werden in der Literatur teilweise (vgl. *Meder* Art. 64 BV Rn. 1) als oberste Staatsorgane genannt; nach dem klaren Wortlaut des Art. 49 II BayVerfGHG sind sie aber entsprechend dem Bundesrecht als Organ*teile* anzusehen, eigene Rechte also anzugeben.

120 St.Rspr.; vgl. BayVerfGH BayVBl. 1995, 16 ff.

121 Obwohl das Staatsvolk selbst zwar oberstes Staatsorgan, aber wohl nicht antragsberechtigt ist; vgl. BayVerfGHE n.F. 44, 9 (14); *Meder* Art. 64 BV Rn. 1.

122 BayVerfGHE n.F. 23, 80 (84 f.); *Pestalozza* S. 420 f.

123 BVerfGE 23, 33 (39); 60, 53 (61); BayVerfGHE n.F. 23, 80 (84); Art. 15 BV ist dagegen teilweise unwirksam, soweit er sich auf Parteien i.S.d. PartG bezieht, *Meder* Art. 15 BV Rn. 1; vgl. auch VerfGH NW DÖV 1992, 968 (969).

124 BVerfGE 66, 107 (114).

125 *Pestalozza* S. 421.

126 BayVerfGHE n.F. 29, 62 (79).

127 *Meder* Art. 64 BV Rn. 2; *Pestalozza* S. 421 f.

128 Beachte zum Verfahren in diesem Fall Art. 3 III BayVerfGHG!

und deren Unterlassung. Wesentliche Unterschiede zum Bundesrecht (oben Rdn. 55 ff.) bestehen nicht.

4. Antragsbefugnis

Der Antragsteller muss (plausibel) geltend machen, durch die angegriffene Maßnahme/ Unterlassung in Rechten verletzt zu sein, die sich *aus der BV* ergeben (vgl. oben Rdn. 61 f.). Dabei muss es sich um eigene Rechte handeln, Prozessstandschaft ist nicht zulässig.[129] 81

Ein Sonderproblem stellt Art. 21 GG dar, der »als Bestandteil der Landesverfassung« auch in den Ländern unmittelbar gilt.[130] Daraus ergibt sich, dass er auch vom Landesverfassungsgericht als Prüfungsmaßstab herangezogen werden kann,[131] eine mögliche Verletzung also auch eine Antragsbefugnis begründet. Dennoch hat der BayVerfGH entschieden: 82

- Parteien (bzw. ihre Landesverbände) sind im Organstreit antragsberechtigt; Art. 21 GG gilt auch in den Ländern (BayVerfGHE n.F. 23, 80 [84]);
- Art. 21 GG kann vom BayVerfGH nicht als Prüfungsmaßstab herangezogen werden, weil er *nicht* Bestandteil der BV ist (BayVerfGHE n.F. 23, 80 [85 f.]).

Nach der Rechtsprechung des BVerfG konsequent wäre, Art. 21 GG auch als Prüfungsmaßstab vor dem BayVerfGH heranzuziehen; allerdings mit der möglichen Folge einer Vorlage zum BVerfG gem. Art. 100 I GG[132] oder Art. 100 III GG.[133] Die praktischen Auswirkungen sind indessen begrenzt, da der BayVerfGH die Chancengleichheit der Parteien aus Art. 14 I, 118 BV ableitet[134] und somit ein meist ausreichender Prüfungsmaßstab aus der BV zur Verfügung steht.[135] 83

5. Rechtsschutzbedürfnis

Bei der Frage des Rechtsschutzbedürfnisses gibt es gegenüber dem bundesrechtlichen Verfahren keine Besonderheiten (oben Rdn. 63). 84

6. Form und Frist

Das Organstreitverfahren wird durch einen schriftlichen Antrag eingeleitet (Art. 14 I 1 BayVerfGHG); eine Frist gibt es nicht. 85

---

129 *Pestalozza* S. 422.

130 BVerfGE 1, 208 (227); 23, 33 (39); 60, 53 (61); *Meder* Art. 64 BV Rn. 1.

131 So auch *Bethge* S. 17 (30).

132 Soweit Verfahrensgegenstand ein nachkonstitutionelles, förmliches Landesgesetz ist und ein Verstoß gegen Art. 21 GG festgestellt werden soll; dazu unten Rdn. 162 ff.

133 Soweit die Auslegung des Art. 21 GG von der eines anderen Landesverfassungsgerichts oder des BVerfG abweichen würde; dazu unten Rdn. 221 ff.

134 BayVerfGH BayVBl. 1976, 431 (433); vgl. oben Fn. 85!

135 Das gilt auch für die meisten Klausuren: Wenn möglich, Antragsbefugnis und Prüfungsmaßstab Art. 14 I, 118 BV entnehmen, Geltung des Art. 21 GG *als Landesverfassungsrecht* nur erörtern, wenn *notwendig* oder vom Sachverhalt *ausdrücklich nahegelegt*!

7. Entscheidung

a) Maßstab

86 Entscheidungsmaßstab des BayVerfGH ist grundsätzlich *nur die BV*. Ob die angegriffene Maßnahme gegen Bundesrecht verstößt, hat der BayVerfGH grundsätzlich nicht zu prüfen.[136]

87 Trotzdem kann das GG nicht völlig unberücksichtigt bleiben. Der BayVerfGH muss seinen Maßstab, also die Norm der BV, die er auf den Verfahrensgegenstand anwenden will, *incidenter* auf seine Wirksamkeit prüfen,[137] also darauf, ob er (der *Maßstab*) gegen Bundesrecht verstößt (Art. 31 GG). Dies hat ggf. die Pflicht zur Vorlage zum BVerfG nach Art. 100 I[138] oder Art. 100 III GG zur Folge.

88 Zu berücksichtigen sind in jedem Fall die Kompetenznormen des GG (Art. 70 ff. GG). Wenn Gegenstand des Organstreits ein Unterlassen des Gesetzgebers ist, kann der Antrag vor dem BayVerfGH nicht erfolgreich sein, wenn der Landesgesetzgeber mangels Kompetenz nicht tätig werden *durfte*. Umgekehrt kann auch bei der Prüfung einer bestehenden Norm ihre formelle Rechtmäßigkeit und als deren Grundlage die Frage der Kompetenz nicht außer Betracht bleiben. Der BayVerfGH prüft Kompetenzverstöße[139] (Art. 70 ff. GG) am Maßstab des Rechtsstaatsgebots der BV (Art. 3 I 1 BV). In einem Verstoß gegen bundesrechtliche Kompetenzvorschriften sieht er dann einen Verstoß gegen das (bayerische) Rechtsstaatsgebot, wenn

- »der Widerspruch (...) offensichtlich zu Tage tritt« und
- er »auch inhaltlich nach seinem Gewicht als schwerwiegender Eingriff in die Rechtsordnung zu werten ist«.

Eine Vorlage zum BVerfG (Art. 100 I GG) kommt dabei auch dann nicht in Betracht, wenn der BayVerfGH einen Verstoß gegen Bundesrecht (Art. 70 ff. GG) feststellt, da alleiniger Prüfungsmaßstab Art. 3 I 1 BV bleibt; von dem »offensichtlichen und schwerwiegenden« Verstoß gegen Bundesrecht wird lediglich auf eine Verletzung des (bayerischen) Rechtsstaatsgebots geschlossen. Eine Vorlage nach Art. 100 III GG ist dagegen wohl geboten, wenn die Auslegung der Art. 70 ff. GG von einer Entscheidung des BVerfG oder eines anderen Landesverfassungsgerichts abweichen würde.

b) Inhalt

89 Der BayVerfGH stellt bei begründeten Anträgen in seiner Entscheidung fest, dass das angegriffene Verhalten verfassungswidrig war. Soweit Verfahrensgegenstand eine Norm ist, erklärt er sie – anders als das BVerfG (vgl. oben Rdn. 69) – zugleich für nichtig.[140]

---

136 Vgl. aber BayVerfGH BayVBl. 1977, 81 (81).

137 *Bethge* S. 28 ff.

138 Wenn der BayVerfGH eine entscheidungserhebliche, nachkonstitutionelle Norm der BV für bundesrechtswidrig hält; Maunz/Schmidt-Bleibtreu/Klein/Bethge/*Ulsamer* § 80 Rn. 44; unten Rdn. 169 ff.

139 BayVerfGH BayVBl. 1992, 365 (365 f.). A.A. der VerfGH NW, der Art. 70 ff. (i.V.m. Art. 1 I LV) selbständig als Prüfungsmaßstab heranzieht (DÖV 1992, 968 [969 f.]). Vgl. auch *Schmitt Glaeser/Horn* BayVBl. 1992, 673 (684); *Bethge* S. 30 ff.; BayVerfGH BayVBl. 1977, 81 ff.

140 *Pestalozza* S. 422 m.N.

8. Prüfungsschema

Das Prüfungsschema entspricht dem bundesrechtlichen (oben Rdn. 71); der (mögliche) Prüfungspunkt »Prozessstandschaft« entfällt.[141] 90

B. Die abstrakte Normenkontrolle

I. Verfahren vor dem Bundesverfassungsgericht[142]

Die Zuständigkeit für dieses Verfahren regeln Art. 93 I Nrn. 2, 2a GG, § 13 Nrn. 6, 6a BVerfGG, das Verfahren §§ 76–79 BVerfGG. Eine abweichende Sonderregelung enthalten Art. 93 II GG, §§ 13 Nr. 6 b, 97 BVerfGG für die dort genannten (kaum klausurrelevanten) Fälle. 91

1. Antragsteller

Als mögliche Antragsteller zählen § 76 I BVerfGG, Art. 93 I Nr. 2 GG und § 13 Nr. 6 BVerfGG übereinstimmend die Bundesregierung, die Landesregierungen und 1/3 der *Mitglieder* des Bundestages auf. Diese Aufzählung ist abschließend.[143] Antragsberechtigung kommt also weder einer Fraktion als solcher noch dem Bundestag als solchem zu; ein Antrag kann jedoch als solcher des »Drittels« ausgelegt werden, wenn nur das Quorum erfüllt ist – zu beachten ist dabei, dass die Mehrheit der Anwesenden im Bundestag nicht unbedingt ein Drittel der Mitglieder ausmacht (§ 45 I GeschOBT). Für die Berliner Abgeordneten gelten inzwischen keine Besonderheiten mehr. 92

Eine abweichende Sonderregelung enthalten nunmehr Art. 93 I Nr. 2a GG,[144] § 13 Nr. 6a BVerfGG. Bedeutung hat diese vor allem insoweit, als dem Bundesrat und den Volksvertretungen der Länder eine eigene Antragsberechtigung eingeräumt wird.

2. Antragsgegner

Einen Antragsgegner gibt es bei der abstrakten Normenkontrolle nicht. Das Verfahren dient der Wahrung objektiven Rechts (und kann deshalb auch im öffentlichen Interesse weitergeführt werden, wenn der Antrag zurückgenommen wird).[145] 93

3. Verfahrensgegenstand (Statthaftigkeit)

Gegenstand der abstrakten Normenkontrolle kann sein: 94

a) Bundesrecht jeder Rangstufe,[146] also 95

– Verfassungsnormen und verfassungsändernde Gesetze,

– Förmliche Bundesgesetze, einschl.

141 Siehe auch *Degenhart* Rn. 838.

142 Hierzu *Scholler/Birk* Fall 3; *Robbers* JuS 1994, 397 ff. (mit Fallbeispielen); *Kornbichler/Polster/Tiede/Urabl* S. 266 ff.

143 *Benda/Klein* Rn. 713 ff.; *Pestalozza* S. 123 m.N.

144 *Degenhart* Rn. 771 f.

145 *Pestalozza* S. 122 f. m.N.

146 *Benda/Klein* Rn. 718 ff.; Maunz/Schmidt-Bleibtreu/Klein/Bethge/*Rozek* § 76 Rn. 20 ff.

- Gesetze im (nur-) formellen Sinn (z.B. Haushaltsgesetz), und
- Zustimmungsgesetze i.S.d. Art. 59 II GG,
- außer im Verfahren nach Art. 93 I Nr. 2a GG:[147] Bundesrecht im Rang unter dem formellen Gesetz, also Rechtsverordnungen und Satzungen des Bundes sowie die Geschäftsordnungen der Verfassungsorgane;

b) ebenso – außer im Fall des Art. 93 I Nr. 2a GG – Landesrecht jeder Rangstufe (einschl. Landesverfassungsrecht).

96 In jedem Fall muss es sich um eine »existente Norm«[148] handeln, d.h. grundsätzlich, sie muss verkündet (nicht: in Kraft getreten) und darf noch nicht außer Kraft getreten sein. Davon gibt es allerdings Ausnahmen:

97 (1) Zustimmungsgesetze (Vertragsgesetze).[149]

Völkerrechtliche Verträge bedürfen in der Regel der Zustimmung der zuständigen Gesetzgebungsorgane in Gesetzesform (Art. 59 II GG). Erst wenn das Zustimmungsgesetz ergangen ist, wird der Vertrag »ratifiziert«, d.h. die vom Bundespräsidenten unterzeichnete Ratifikationsurkunde wird mit dem Vertragspartner ausgetauscht. Damit ist der Vertrag wirksam und völkerrechtlich verbindlich.

Das BVerfG muss daher Zustimmungsgesetze rechtzeitig kontrollieren (können), damit nicht GG-widrige Verträge völkerrechtlich verbindlich werden (das BVerfG kann den *Vertrag* nicht aufheben). Deshalb lässt es einen Antrag auf abstrakte Normenkontrolle gegen Vertragsgesetze bereits zu, wenn das Gesetzgebungsverfahren bis auf die Ausfertigung durch den Bundespräsidenten und die Verkündung abgeschlossen ist.

98 (2) Bereits außer Kraft getretene Normen unterliegen dann der abstrakten Normenkontrolle, wenn sie noch Rechtswirkungen – etwa in laufenden Verfahren – äußern können.[150]

99 Maßgeblicher Zeitpunkt für die Frage der Existenz der Norm ist – wie im deutschen Prozessrecht für behebbare Zulässigkeitsmängel in der Regel – der Zeitpunkt der mündlichen Verhandlung bzw. der Entscheidung des Gerichts.[151]

100 Der abstrakten Normenkontrolle unterliegt vor- und nachkonstitutionelles Recht (anders bei der konkreten Normenkontrolle, dazu unten Rdn. 162 ff.), nicht aber Unterlassen des Normsetzers.

4. Meinungsverschiedenheiten oder Zweifel

101 Art. 93 I Nr. 2 GG verlangt als weitere Zulässigkeitsvoraussetzung das Bestehen von Meinungsverschiedenheiten oder Zweifeln darüber, ob die angegriffene Norm mit dem GG (oder, soweit es um Landesrecht geht, sonstigem *Bundesrecht*) vereinbar ist. Diese Voraussetzung wird von § 76 BVerfGG konkretisiert:

147 *Degenhart* Rn. 766, 771.
148 *Pestalozza* S. 124 f.; *Schlaich/Korioth* Rn. 129.
149 Maunz/Schmidt-Bleibtreu/Klein/Bethge/*Rozek* § 76 Rn. 17; BVerfGE 1, 396 (413); 36, 1 (15).
150 Maunz/Schmidt-Bleibtreu/Klein/Bethge/*Rozek* § 76 Rn. 18.
151 *Pestalozza* S. 125; vgl. auch *Meder* Art. 98 BV Rn. 10; *Kopp/Schenke* Vorb. § 40 VwGO Rn. 11.

a) Meinungsverschiedenheiten bestehen dann, wenn ein Gericht, eine Verwaltungsbehörde oder ein Bundes- oder Landesorgan die Norm wegen Unvereinbarkeit mit Bundesrecht nicht angewendet hat, der Antragsteller sie aber für gültig hält (§ 76 I Nr. 2 BVerfGG). Meinungsverschiedenheiten im Sinne von Art. 93 I Nr. 2a GG, § 13 Nr. 6a BVerfGG definiert § 76 II BVerfGG. 102

b) § 76 I Nr. 1 BVerfGG setzt voraus, dass der Antragsteller die Norm *für nichtig hält*. Nach diesem Wortlaut genügen (bloße) Zweifel nicht – anders der Wortlaut des Art. 93 I Nr. 2 GG. Ob § 76 I Nr. 1 BVerfGG insoweit eine zulässige Konkretisierung des GG enthält (»Zweifel« i.S.d. Art. 93 I Nr. 2 GG also nur bestehen, wenn der Antragsteller die Norm – positiv – *für nichtig hält*),[152] oder ob § 76 I Nr. 1 BVerfGG insoweit teilnichtig ist (also *bloße* Zweifel genügen),[153] ist umstritten. Das BVerfG hat die Frage bislang offengelassen, da sie in den bisherigen Verfahren nicht entscheidungserheblich war; ein Vergleich mit Art. 100 I GG zeigt jedoch, dass das GG zwischen »für nichtig halten« und »Zweifeln« zu unterscheiden weiß, Art. 93 I Nr. 2 GG also auch »bloße« Zweifel meint. Dies spricht jedenfalls für eine Zulässigkeit des Antrags schon bei bloßen Zweifeln. Insoweit kann auf Art. 93 I Nr. 2 GG unmittelbar zurückgegriffen werden.[154] 103

Diese Zweifel muss nach dem Wortlaut des § 76 BVerGG der Antragsteller selbst haben. Nach dem Wortlaut des Art. 93 I Nr. 2 GG genügen Zweifel irgendeines der Antragsberechtigten[155] und sogar Zweifel Dritter,[156] soweit sie zu ernsthaften Unsicherheiten in der Rechtspraxis geführt haben, nicht jedoch ein bloßer Literaturstreit.[157] Ein Teil der Literatur hält § 76 I Nr. 1 BVerfGG daher für teilweise nichtig, während andere (über eine verfassungskonforme Auslegung)[158] einen Rückgriff auf Art. 93 I Nr. 2 GG für möglich halten.[159] 104

5. Antragsbefugnis

Das Verfahren dient der objektiven Rechtswahrung; eine subjektive Betroffenheit des Antragstellers ist nicht Voraussetzung.[160] 105

6. Klarstellungsinteresse

Diese Zulässigkeitsvoraussetzung entspricht in etwa dem »Rechtsschutzbedürfnis«,[161] nur geht es hier um ein objektives Interesse, nicht um ein subjektives Interesse des Antragstellers. Das Vorliegen von Meinungsverschiedenheiten oder Zweifeln indi- 106

152 Vgl. *Degenhart* Rn. 767.
153 So *Schlaich/Korioth* Rn. 130; *Stern* S. 986; als h.L. bezeichnet bei Maunz/Schmidt-Bleibtreu/Klein/Bethge/*Rozek* § 76 Rn. 47; *Benda/Klein* Rn. 731.
154 Vgl. *Degenhart* Rn. 767. Vgl. aber BVerfGE 96, 133 (137).
155 *Schlaich/Korioth* Rn. 130 und Maunz/Schmidt-Bleibtreu/Klein/Bethge/*Rozek* § 76 Rn. 45 ff.
156 So *Benda/Klein* Rn. 730 f.; *Pestalozza* S. 127.
157 *Stern* S. 986; *Gersdorf* Rn. 151.
158 *Gersdorf* Rn. 151.
159 Zum Meinungsstand *Schlaich/Korioth* Rn. 130 m.w.N.
160 *Schlaich/Korioth* Rn. 130.
161 Das Verfahren dient dem objektiven Recht, nicht dem Rechtsschutz des Antragstellers. Deshalb wäre die Bezeichnung »Rechtsschutzbedürfnis« hier verfehlt; vgl. *Söhn* S. 292 (304 f.).

ziert das objektive Klarstellungsinteresse; es ist daher nur dann näher zu untersuchen, wenn Anhaltspunkte für das Fehlen vorliegen.

107 Welche Umstände das Klarstellungsinteresse entfallen lassen, wird in der Literatur unterschiedlich gesehen. Degenhart[162] prüft hier zunächst den Zeitpunkt der Antragstellung, d.h. ob die Norm bereits verkündet ist und noch Rechtswirkungen äußert. Dies ist aber eine Frage der Statthaftigkeit, denn nur eine existente Norm ist tauglicher Verfahrensgegenstand (vgl. oben Rdn. 96 ff.).

108 Zu klären sind hier aber jedenfalls Verfahrenskonkurrenzen.[163] Die Möglichkeit anderer verfassungsgerichtlicher Verfahrensarten (etwa eines Organstreitverfahrens) berührt das Klarstellungsinteresse nicht; der Antragsteller hat hier ein Wahlrecht. Dies gilt auch für Anträge zum Landesverfassungsgericht, schon wegen der verschiedenen Prüfungsmaßstäbe (BVerfG: GG/Bundesrecht – BayVerfGH: BV/Landesrecht; Anträge zum BVerfG und zum BayVerfGH können daher wahlweise, evtl. sogar gleichzeitig oder nacheinander[164] gestellt werden). Auch die Möglichkeit, die fragliche Norm durch eine Gesetzesinitiative zu ändern oder aufzuheben, muss nicht vor einem Normenkontrollantrag ausgeschöpft werden,[165] da dies – im Gegensatz zu einer Nichtigkeitsentscheidung des BVerfG – nicht ex tunc[166] wirken würde.

109 Liegt bereits eine verfassungsgerichtliche Entscheidung vor, so ist zu unterscheiden:

110 (1) Hat das BVerfG oder ein Landesverfassungsgericht die Norm bereits für nichtig erklärt, so ist damit der Verfahrensgegenstand entfallen und der Antrag bereits unstatthaft (vgl. oben Rdn. 96 ff.);

111 (2) Hat ein Verfassungsgericht die Norm bereits für unvereinbar mit höherrangigem Recht, jedoch nicht zugleich für nichtig erklärt (zu dieser Entscheidungsvariante vgl. unten Rdn. 126 ff.), so kann kein Klarstellungsinteresse für ein neues Verfahren mehr bestehen;[167]

112 (3) Hat das BVerfG die Norm bereits für vereinbar mit höherrangigem Bundesrecht erklärt, so ist ein neuer Antrag nur zulässig, wenn sich in der Zwischenzeit die tatsächliche oder rechtliche Situation geändert hat, wenn also der Antrag auf neue Gründe gestützt ist;

113 (4) Hat ein Landesverfassungsgericht die Norm geprüft und nicht für nichtig erklärt (oben Rdn. 110!), so kann das wegen der unterschiedlichen Prüfungsmaßstäbe (vgl. oben Rdn. 108) das Klarstellungsinteresse nicht berühren.

7. Form und Frist

114 Der Antrag ist schriftlich einzureichen und zu begründen (§ 23 I BVerfGG). Er ist an keine Frist gebunden.

162 *Degenhart* Rn. 768; auch *Pestalozza* noch in der 2. Aufl. 1982, S. 68 f., vgl. jetzt 3. Aufl. S. 128.
163 Dazu Maunz/Schmidt-Bleibtreu/Klein/Bethge/*Rozek* § 76 Rn. 58 ff.
164 Dazu aber unten Rdn. 110 ff.!
165 BVerfGE 32, 199 (211).
166 Dazu unten Rdn. 125.
167 Maunz/Schmidt-Bleibtreu/Klein/Bethge/*Rozek* § 76 Rn. 98.

8. Entscheidung

a) Maßstab

Im Verfahren nach Art. 93 I Nr. 2a GG ist als Prüfungsmaßstab nur Art. 72 II GG (der über § 76 II, 2. HS BVerfGG anwendbare Art. 75 II GG wurde zum 1.9.2006 aufgehoben) heranzuziehen.[168] 115

Im Verfahren nach Art. 93 I Nr. 2 GG ist der Prüfungsmaßstab abhängig vom Verfahrensgegenstand: 116

aa) Verfassungsnormen

»Verfassungswidriges Verfassungsrecht« ist grundsätzlich möglich.[169] Normen des GG können daher an übergeordneten Grundsätzen der Verfassung gemessen werden; daneben hält sich das BVerfG auch für zuständig, das GG an »überpositivem Recht« zu messen.[170] Das BVerfG geht damit aber sehr zurückhaltend um, denn es hält verfassungswidriges Verfassungsrecht für einen fast unmöglichen Extremfall.[171] 117

bb) Verfassungsändernde Gesetze

Verfassungsändernde Gesetze sind *daneben*[172] an Art. 79 III GG zu messen. 118

cc) Bundesgesetze

Prüfungsmaßstab für formelle Bundesgesetze ist das GG einschließlich der ungeschriebenen Verfassungsgrundsätze. Ein Rückgriff auf überpositives Recht kommt hier nicht in Betracht.[173] 119

dd) Sonstiges Bundesrecht

Bundesrecht im Rang unter dem förmlichen Gesetz (Rechtsverordnungen, Satzungen) ist grundsätzlich ebenfalls nur am GG zu messen.[174] Dies lässt sich zwar nicht aus § 76 BVerfGG ableiten, ergibt sich aber eindeutig aus § 78 BVerfGG und Art. 93 I Nr. 2 GG. 120

Bei der Prüfung von Rechtsverordnungen *an Art. 80 GG* erstreckt sich die Kontrolle jedoch auf folgende Fragen[175]: 121

- Ist eine gesetzliche Ermächtigung *vorhanden*?
- Ist die *Ermächtigungsgrundlage* (formell und materiell) verfassungsgemäß?
- Hält sich die Rechtsverordnung im Rahmen der Ermächtigung?

Ist eine dieser Fragen mit »nein« zu beantworten, so ist die Rechtsverordnung *wegen Verstoßes gegen Art. 80 GG* nichtig. Erst daran schließt sich die weitere Frage an:

- Ist die *Rechtsverordnung* inhaltlich verfassungsgemäß (u.a.: Grundrechtsverstöße)?

---

168 *Degenhart* Rn. 772.
169 BVerfGE 1, 14 (32); *Bachof* S. 1 ff.; *Leisner* DÖV 1992, 432 f.
170 Maunz/Schmidt-Bleibtreu/Klein/Bethge/*Rozek* § 76 Rn. 64; BVerfGE 1, 14 (32 ff.).
171 Der in der Klausur nicht ohne entsprechenden Hinweis im Sachverhalt angesprochen werden sollte.
172 D.h. in der Klausur: zunächst und in der Regel ausschließlich; vgl. oben Fn. 171!
173 Maunz/Schmidt-Bleibtreu/Klein/Bethge/*Rozek* § 76 Rn. 64.
174 *Pestalozza* S. 125 f.; *Schlaich/Korioth* Rn. 131; a.A. *Hesse* Rn. 681.
175 Maunz/Schmidt-Bleibtreu/Klein/Bethge/*Rozek* § 76 Rn. 67, *Schlaich/Korioth* Rn. 131.

ee) Landesrecht

122 Landesrecht ist am gesamten Bundesrecht zu messen (auch untergesetzliches Bundesrecht geht jeglichem Landesrecht vor – auch dem Landesverfassungsrecht! – Art. 31 GG).[176]

ff) Förmliche und sachliche Vereinbarkeit

123 Neben der sachlichen – d.h. materiellen – Vereinbarkeit der Norm mit höherrangigem Recht ist stets (auch z.B. bei verfassungsändernden Gesetzen!) die formelle Seite zu prüfen, also[177]

- Zuständigkeit,
- Form (einschl. Bestimmtheit),
- Verfahren.

b) Inhalt

124 Das BVerfG entscheidet gem. § 78 S. 1 BVerfGG über die Vereinbarkeit der angegriffenen Norm mit höherrangigem Recht (soweit es als Prüfungsmaßstab zur Verfügung steht, oben Rdn. 115 ff.). Nach S. 2[178] kann es die Entscheidung auf andere Regelungen des gleichen Gesetzes[179] erstrecken, wenn diese *aus den gleichen Gründen* mit höherrangigem Recht unvereinbar sind.

125 Hält das BVerfG eine Norm für unvereinbar mit höherrangigem Recht, so erklärt es sie (deklaratorisch und mit Wirkung ex tunc) für nichtig. Dies ist der in § 78 BVerfGG normierte Grundsatz und die konsequente Folge daraus, dass rechtswidrige Normen (ipso iure und grundsätzlich ex tunc) nichtig sind.[180]

126 Dennoch gibt es Ausnahmen.[181] In bestimmten Fallkonstellationen beschränkt sich das BVerfG darauf, eine Norm für unvereinbar mit (jeweils konkret bezeichnetem) höherrangigem Recht zu erklären (»Unvereinbarerklärung«), *ohne* zugleich die Nichtigkeit auszusprechen (»Nichtigerklärung«).[182] In Betracht kommen folgende Fallgruppen:[183]

127 aa) Ausgangspunkt für diese Entscheidungsvariante war der sog. »gleichheitswidrige Begünstigungsausschluss«; d.h.: Ein Gesetz begünstigt eine bestimmte Gruppe von Bürgern und schließt eine andere Gruppe ohne sachgerechten Grund von der Begünstigung aus. Dieses Gesetz ist wegen Verstoßes gegen Art. 3 I GG verfassungswidrig. Es gibt aber mehrere Möglichkeiten, einen verfassungsmäßigen Zustand zu erreichen, wie: Streichung der Begünstigung für alle, Einbeziehung der Nichtbegünstigten oder andere, sachgerechte Abgrenzung von Begünstigten und Nichtbegünstigten. Die Auswahl unter diesen Möglichkeiten ist Sache des Gesetzgebers, nicht des BVerfG.[184] Das BVerfG achtet also hier mit der Beschrän-

176 *Schlaich/Korioth* Rn. 131.
177 Maunz/Schmidt-Bleibtreu/Klein/Bethge/*Rozek* § 76 Rn. 69.
178 Wenig klausurrelevante Ausnahme; nicht ohne Anhaltspunkt im Sachverhalt prüfen!
179 Im materiellen Sinn!
180 *Benda/Klein* Rn. 1251 f.; *Schlaich/Korioth* Rn. 379 ff.; Maunz/Schmidt-Bleibtreu/Klein/Bethge/*Bethge* § 78 Rn. 18.
181 Selten unmittelbar klausurrelevant, aber in den Grundzügen verständniswichtig.
182 Zur Terminologie vgl. *Schlaich/Korioth* Rn. 398 ff.
183 Vgl. *Benda/Klein* Rn. 1267 ff. m.N.; *Schlaich/Korioth* Rn. 394 ff.
184 Oben Rdn. 4 f. Daneben: Ausgangspunkt der verfassungsgerichtlichen Überprüfung der Norm kann auch eine Verfassungsbeschwerde (dazu unten Rdn. 246) eines Nichtbegünstigten sein. Ihm wäre mit einer Nichtigerklärung ersichtlich nicht gedient.

kung auf die Unvereinbarerklärung den Gestaltungsspielraum des Gesetzgebers.

bb) Die Unvereinbarerklärung kommt ferner dann in Betracht, wenn die Nichtigerklärung der Norm zu einem Zustand führen würde, der vom verfassungsmäßigen Zustand noch weiter entfernt wäre als die übergangsweise Weiteranwendung der Norm.[185] **128**

cc) Auch ein Unterlassen des Gesetzgebers – soweit es überhaupt Verfahrensgegenstand sein kann, also nicht im Rahmen der abstrakten Normenkontrolle! – kann schließlich nicht für nichtig erklärt werden. **129**

Mit der Unvereinbarerklärung verbindet das BVerfG regelmäßig den Auftrag an den Gesetzgeber, tätig zu werden, und es setzt ihm hierfür meist eine Frist.[186] **130**

c) Wirkungen der Entscheidung

Erklärt das BVerfG eine Norm für nichtig, so bleiben Entscheidungen (Urteile, Verwaltungsakte), die auf der nichtigen Norm beruhen, grundsätzlich dennoch bestehen; eine (weitere) Vollstreckung daraus ist aber unzulässig (§ 79 II BVerfGG). Gegen Strafurteile ist die Wiederaufnahme des Verfahrens zulässig (§ 79 I BVerfGG). **131**

Im Falle der Unvereinbarerklärung[187] darf die Norm nicht mehr angewendet werden. Unter Umständen kann sie aber befristet als »Übergangsregelung« weitergelten, wenn das BVerfG dies ausdrücklich anordnet. Schwebende Verfahren sind in der Regel bis zur Neuregelung durch den Gesetzgeber auszusetzen, rechtskräftig abgeschlossene sind nach § 79 BVerfGG zu beurteilen (oben Rdn. 131). Im Einzelnen sind die Wirkungen der Unvereinbarerklärung unklar und nur von Fall zu Fall – je nach den Gründen, die für den Verzicht auf die Nichtigerklärung ausschlaggebend waren – zu bestimmen, soweit das BVerfG die Rechtsfolgen nicht in der jeweiligen Entscheidung selbst erläutert. **132**

9. Prüfungsschema[188]

133

I. Zulässigkeit[189]
   1. Zuständigkeit des BVerfG
      - Art. 93 I Nrn. 2, 2a, II GG, § 13 Nr. 6 BVerfGG.
   2. Antragsberechtigung
      - Art. 93 I Nrn. 2, 2a, II GG, § 76 BVerfGG, abschließend.
   3. Verfahrensgegenstand
      - Bundes- und Landesrecht jeder Rangstufe, einschl. vorkonstitutionellen Rechts,
      - das »existent« ist – grundsätzlich ab Verkündung (Ausnahme: »Vertragsgesetze«) bis Außerkrafttreten (Ausnahme: rechtliche »Nachwirkungen«).

185 Vgl. etwa BVerfGE 33, 303 (347 f.)

186 *Schlaich/Korioth* Rn. 423 ff.; *Benda/Klein* Rn. 1276 ff.

187 *Benda/Klein* Rn. 1274 ff.; *Pestalozza* S. 276 ff.; *Schlaich/Korioth* Rn. 413 ff.

188 Das Verfassungsprozessrecht ist aufgrund seiner lückenhaften Rechtsquellen noch weniger als das sonstige Prozessrecht dazu geeignet, durch Schemata erfasst zu werden. Alle hier angebotenen Schemata sollten daher als Anhaltspunkte, keinesfalls aber als starre Raster verstanden werden. Auch die Sonderregelung Art. 93 II GG, §§ 13 Nr. 6b, 97 BVerfGG weicht von diesem Schema ab!

189 Vgl. *Degenhart* Rn. 765 ff.; *Gersdorf* Rn. 138 ff., 183 ff.

4. Antragsbefugnis
   - Subjektives Interesse/Betroffensein des Antragstellers ist nicht erforderlich.[190]
5. Meinungsverschiedenheiten oder Zweifel, Art. 93 I Nrn. 2, 2a GG, § 76 BVerfGG
   - des Antragstellers selbst;
   - umstr., ob »bloße Zweifel« genügen; h.L.: ja.
6. (Objektives) Klarstellungsinteresse
   - durch Meinungsverschiedenheiten/Zweifel indiziert; fehlt nicht bei anderen Verfahrensmöglichkeiten.
7. Form: § 23 I BVerfGG; Frist: keine, Verwirkung kaum denkbar.

II. Begründetheit
Formelle und materielle Verfassungsmäßigkeit;
Prüfungsmaßstab, Art. 93 I Nr. 2 GG, § 78 S. 1 BVerfGG:
- für Bundesrecht: GG,
- für Landesrecht: GG und sonstiges Bundesrecht.

II. Bayern: Popularklage

134 Das Verfahren zur abstrakten Normenkontrolle in Bayern ist die Popularklage.[191] Sie ist geregelt in Art. 98 S. 4 BV, Art. 2 Nr. 7 und Art. 55 BayVerfGHG.

1. Antragsberechtigung

135 Antragsberechtigt ist gem. Art. 55 I 1 BayVerfGHG *jedermann* (»quivis ex populo«), unabhängig von Staatsangehörigkeit oder Wohnsitz.[192] Dazu gehören neben natürlichen Personen auch juristische Personen des privaten und öffentlichen Rechts[193] (einschl. der durch §§ 124 I, 161 II HGB gleichgestellten OHG und KG)[194] sowie politische Parteien,[195] nicht aber Bürgerinitiativen, die nicht als juristische Person (z.B. »e.V.«, § 21 BGB) organisiert sind.[196]

136 In Betracht kommen auch nichtrechtsfähige Vereinigungen. Sie sind jedoch nur antragsberechtigt, soweit ihnen Rechte zustehen (Art. 30 I BayVerfGHG i.V.m. § 61 Nr. 2 VwGO). Bei nichtrechtsfähigen Vereinigungen ist also die eigene Rechtsbetroffenheit i.R.d. Antragsberechtigung zu prüfen: Sie sind nur antragsberechtigt, *wenn und soweit* es im konkreten Verfahren um eine Norm geht, die sie in ihren eigenen (nicht: ihrer Mitglieder!) Rechten berührt. Grundrechtsfähig, insbesondere Träger des angeblich verletzten Grundrechts, braucht die Vereinigung dagegen nicht zu sein.[197]

190 Deshalb kann dieser Punkt in der Ausarbeitung auch weggelassen werden; als »Merkposten« ist er jedoch wichtig.

191 Bayerische Besonderheit, daher oft prüfungsrelevant! Übersicht bei *Degenhart* Rn. 840; ausführliche Darstellungen bei *Domcke* S. 231 ff. (zum BayVerfGHG a.F.); *Meder* Art. 98 BV Rn. 7 ff.; *Pestalozza* S. 441 ff.

192 Anders im Verfahren der bayerischen Verfassungsbeschwerde, vgl. Art. 120 BV und unten Rn. 385 ff.

193 *Domcke* S. 244 ff.; *Meder* Art. 98 BV Rn. 7; *Pestalozza* S. 444; BayVerfGHE n.F. 28, 107 (118).

194 BayVerfGHE n.F. 26, S. 69 (74).

195 *Meder* Art. 98 BV Rn. 7; BayVerfGHE n.F. 23, 155 (159); 43, 100 (103).

196 *Meder* Art. 98 BV Rn. 7.

197 *Domcke* S. 245; *Pestalozza* S. 444; BayVerfGHE n.F. 18, 51 (55) – Gewerkschaft.

2. Verfahrensgegenstand (Statthaftigkeit)

Verfahrensgegenstand können alle Normen des bayerischen Landesrechts (Art. 55 I 1 BayVerfGHG) sein, also[198] 137

- Vorschriften der BV[199] und verfassungsändernde Gesetze;
- Formelle Gesetze, einschl. der Zustimmung des Landtages zum Abschluss von Staatsverträgen nach Art. 72 II BV;[200]
- Rechtsverordnungen des Landes (auch, wenn sie auf einer bundesrechtlichen Ermächtigung beruhen);
- Satzungen der Körperschaften, Stiftungen und Anstalten des öffentlichen Rechts;

Nicht: Gewohnheitsrecht, Vereinssatzungen, Tarifnormen u.ä., da diese Normen nicht auf hoheitlicher Rechtssetzung beruhen.

In jedem Fall muss es sich um eine »existente Norm« handeln, d.h. grundsätzlich, sie muss verkündet[201] (*nicht*: in Kraft getreten) und darf noch nicht außer Kraft getreten sein.[202] Die Ausnahmen entsprechen den bundesrechtlichen (oben Rdn. 97 f.): Zustimmungsbeschlüsse zu Staatsverträgen können bereits ab Beschlussfassung angegriffen werden; außer Kraft getretenes Recht kann dann Verfahrensgegenstand sein, wenn es noch Rechtswirkungen äussert (z.B. in laufenden Verfahren). 138

Der Prüfung unterliegt vor- und nachkonstitutionelles Recht;[203] u.U. auch Unterlassen des zuständigen Normsetzers.[204] 139

3. Antragsbefugnis (Klagebefugnis)

Das Popularklageverfahren ist ein objektives Verfahren zum Schutz der (bayerischen) Grundrechte, es setzt daher keine (eigene) Beschwer des Antragstellers voraus.[205] 140

4. Mögliche Grundrechtsverletzung

a) Grundsatz

Es kann jedoch nur die Verfassungswidrigkeit einer Norm wegen Verletzung eines Grundrechts (der BV) geltend gemacht werden (Art. 98 S. 4 BV, Art. 55 I 1 BayVerfGHG); d.h. die angegriffene Norm muss (möglicherweise – vgl. oben Rdn. 61) 141

198 *Pestalozza* S. 446 m.N.

199 Im Hinblick auf die Möglichkeit verfassungswidrigen Verfassungsrechts; vgl. *Meder* Vorbem. vor Art. 98 BV Rn. 2 m.N.; oben Rdn. 117 und Fn. 173! Es geht hier nicht um die Frage der GG-Widrigkeit bayerischen Verfassungsrechts (unten Rdn. 155).

200 BayVerfGHE n.F. 26, 101 (108); 37, 191 (197). Diese Zustimmung erfolgt in Bayern (im Gegensatz zum Bundesrecht) nicht in Form eines Gesetzes. Das Verfahren entspricht aber dem Gesetzgebungsverfahren; darüber hinaus erhebt der Zustimmungsbeschluss des Landtages den normativen Teil eines Staatsvertrages zu bayerischem Landesrecht im Rang eines Gesetzes und unterliegt daher der Normenkontrolle.

201 *Pestalozza* S. 447.

202 *Pestalozza* S. 452; BayVerfGH BayVBl. 1993, 428 f.

203 *Pestalozza* S. 446.

204 *Pestalozza* S. 447 m.N.

205 Auch bei nichtrechtsfähigen Vereinigungen (oben Rdn. 136) geht es um ihre Teilrechtsfähigkeit, nicht um eine Klagebefugnis!

gegen irgendein Grundrecht (nicht notwendig des Antragstellers) aus der BV verstoßen. Werden andere Gründe für die Rechtswidrigkeit der Norm geltend gemacht und ein Grundrecht nur »pro forma« gerügt, so sieht der BayVerfGH das als »Missbrauch« an, der zur Unzulässigkeit des Antrages führt.[206]

142 Für den Prüfungsaufbau heißt dies letztlich: Die (mögliche) Verletzung eines *Grundrechts* ist wie sonst i.R.d. Antrags-/Klagebefugnis (vgl. § 42 II VwGO) zu prüfen, nur dass es sich nicht um eine Grundrechtsverletzung gerade beim Antragsteller handeln muss.[207] Dies sollte jedoch klar herausgestellt werden.

b) Allgemeine Handlungsfreiheit

143 Eine besondere Bedeutung kommt hierbei dem Grundrecht der allgemeinen Handlungsfreiheit zu. Das BVerfG hat dieses umfassende Grundrecht in seiner »Elfes-Entscheidung«[208] aus Art. 2 I GG abgeleitet; der BayVerfGH ist ihm weitgehend gefolgt.[209] Im Leitsatz der »Elfes-Entscheidung« heißt es:

> »Jedermann kann im Wege der Verfassungsbeschwerde geltend machen, eine seine Handlungsfreiheit beschränkende Rechtsnorm gehöre nicht zur verfassungsmäßigen Ordnung.«

Der Schluss von der Rechtswidrigkeit der Norm aus sonstigen Gründen[210] auf eine Grundrechtsverletzung (Art. 2 I GG) ist also uneingeschränkt zulässig,[211] solange die Norm nur den Schutzbereich der allgemeinen Handlungsfreiheit tangiert.

144 Auf das bayerische Recht übertragen hieße das: Jeder (auch der selbst nicht Betroffene) kann jede Vorschrift des bayerischen Landesrechts (die den Schutzbereich des Art. 101 BV berührt) zum Gegenstand einer Popularklage machen mit der Begründung, sie sei aus *irgendeinem Grunde* rechtswidrig und verletze *deshalb* zugleich Art. 101 BV (und damit ein Grundrecht). Die Popularklage, die ohnehin nur durch dieses Erfordernis der Grundrechtsrelevanz eingeschränkt ist, würde damit über den Schutz der Grundrechte hinaus zum Forum umfassender Normenkontrolle, was nicht nur dem Sinn des Art. 98 BV widerspricht, sondern auch die schwierige Abgrenzung zur Normenkontrolle durch den BayVGH gem. § 47 VwGO[212] vollends unmöglich machen würde. Der BayVerfGH ist daher um eine Einschränkung bemüht, hat sich damit aber noch nicht ausdrücklich auseinandergesetzt.

145 Pestalozza[213] entnimmt der Rechtsprechung des BayVerfGH, dass der Schluss von der Verletzung sonstigen Rechts auf eine Verletzung der allgemeinen Handlungsfreiheit nur bei einem Verstoß gegen das Rechtsstaatsgebot (Art. 3 I 1 BV) zulässig sei.

206 BayVerfGHE n.F. 16, 55 (61).

207 Der BayVerfGH hat gelegentlich angedeutet, der Antrag könne auch wegen Missbrauchs unzulässig sein, wenn die bayerischen Grundrechte in keinem Fall für den Antragsteller relevant sein könnten (BayVerfGHE n.F. 36, 56 [61]; 42, 11 [15]). Dies sollte jedoch nicht ohne Anhaltspunkt im Sachverhalt angesprochen und jedenfalls im Ergebnis abgelehnt werden, da es dem objektiven Zweck des Verfahrens widerspricht (ähnlich *Pestalozza* S. 451).

208 BVerfGE 6, 32 ff.

209 *Meder* Art. 101 BV Rn. 1 ff. m.N.

210 D.h. nicht wegen Verstoßes gegen Grundrechte.

211 Die Zulässigkeit verfassungsgerichtlicher Rechtsbehelfe ist im Bundesrecht (im Gegensatz eben zur Popularklage) durch das Erfordernis eigener Betroffenheit des Antragstellers beschränkt.

212 Dazu unten Rdn. 156; *Bettermann* S. 467 ff.; *Kamp* Das Verhältnis von verfassungsgerichtlichen und verwaltungsgerichtlichen Normenkontrollverfahren, Diss. Würzburg 1992.

213 *Pestalozza* S. 448 f.

Daran ist richtig, dass der BayVerfGH in einer Verletzung des Rechtsstaatsgebots *zugleich* eine Verletzung der allgemeinen Handlungsfreiheit (Art. 101 BV) gesehen hat.[214]

Es gibt jedoch auch Entscheidungen (aus der Zeit nach dem Elfes-Urteil), die eine Beschränkung auf das Rechtsstaatsgebot nicht erkennen lassen,[215] ebenso wie Entscheidungen, in denen der BayVerfGH neben der Darlegung eines Verstoßes gegen das Rechtsstaatsprinzip für die Zulässigkeit der Popularklage auch verlangt, der Antragsteller müsse darlegen, dass und warum die Norm inhaltlich die Handlungsfreiheit (nicht nur betrifft, sondern) *unzumutbar* einschränke.[216] **146**

Daneben gibt es – selbstverständlich – Entscheidungen, in denen die Zulässigkeit der Popularklage mit einer möglichen Verletzung (unzumutbaren und daher unverhältnismäßigen Einschränkung) des Art. 101 BV begründet wird, ohne dass daneben ein Verstoß gegen das Rechtsstaatsgebot vorliegt oder behauptet wird.[217] **147**

Ein System lassen diese Entscheidungen nicht erkennen. Die Meinung von Pestalozza zeigt zwar einen gangbaren Weg aus dem oben (Rdn. 142 f.) beschriebenen Dilemma, ist aber so der Rechtsprechung des BayVerfGH nicht zu entnehmen. **148**

Für die Fallbearbeitung heißt das: **149**

(1) Die (plausible) Darlegung, dass die Handlungsfreiheit unzumutbar (unverhältnismäßig) eingeschränkt werde, genügt in jedem Fall[218] (oben Rdn. 147).

(2) Die Darlegung einer (möglichen) Verletzung objektiven Verfassungsrechts (z.B. des Rechtsstaatsgebots) **allein** genügt nicht; auch nicht, wenn daneben »pro forma« (also ohne nähere, plausible Erklärung) ein Grundrecht als verletzt bezeichnet wird (oben Rdn. 141).

(3) Die Darlegung, dass der Schutzbereich der Handlungsfreiheit betroffen ist und die *Verletzung* dieses Grundrechts *aus einem Verstoß gegen objektives Verfassungsrecht* (z.B. Rechtsstaatsgebot) folge (weil eine Norm, die gegen das Rechtsstaatsgebot verstößt, nicht zur verfassungsmäßigen Ordnung gehört und daher die Handlungsfreiheit auch nicht in an sich verhältnismäßiger Weise einschränken kann), genügt nach den Grundsätzen der Elfes-Entscheidung und ist daher jedenfalls gut vertretbar.[219]

c) Das Selbstverwaltungsrecht der Gemeinden

Das Selbstverwaltungsrecht der Gemeinden aus Art. 11 II BV ist – entsprechend Art. 28 II GG – kein Grundrecht, sondern ein »grundrechtsähnliches« Recht[220]. Nach **150**

214 BayVerfGHE n.F. 36, 56 (69); vgl. auch 44, 5 (8 f.).

215 BayVerfGHE n.F. 42, 1 (7); 44, 5 (8 f.).

216 BayVerfGHE n.F. 38, 43 (46 f.) – Zwischenprüfung gem. JAPO.

217 BayVerfGHE n.F. 33, 130 (133).

218 Da eine *mögliche* Grundrechtsverletzung für diesen Prüfungspunkt genügt, lässt sich dies in den meisten Fällen begründen. Damit kann eine umfangreiche Diskussion des hier erörterten Problems vermieden werden. Ob dies tunlich ist, kann nur der jeweiligen Aufgabenstellung entnommen werden – offensichtliche »Ausweichmanöver« sind jedoch ebenso zu vermeiden wie die zeitraubende Erörterung letztlich nicht ausschlaggebender (und in der Aufgabe nicht angesprochener) Probleme.

219 Oben Fn. 214, 215. Wer mit BayVerfGHE n.F. 38, 43 (46 f.) die Gegenansicht vertritt und deshalb zur Unzulässigkeit der Popularklage kommt, sollte daher i.d.R. hilfsweise weiterprüfen!

220 *Meder* Art. 11 BV Rn. 3.

der Rechtsprechung des BayVerfGH kann es dennoch im Wege der Popularklage geltend gemacht werden – jedoch nur von der *konkret betroffenen* Gemeinde.[221] Der Sache nach wird also *hier* eine echte Klagebefugnis im sonst üblichen Sinn (mögliche Verletzung in eigenen Rechten) verlangt.[222]

5. Form

151 Der Antrag ist schriftlich einzureichen (Art. 14 I BayVerfGHG) und zu begründen (Art. 55 I 2 BayVerfGHG).

152 Der BayVerfGH prüft auch die Frage, ob die Möglichkeit einer Grundrechtsverletzung hinreichend substantiiert (plausibel) dargelegt ist, bei diesem Punkt. Aus Gründen der Übersichtlichkeit und im Hinblick auf die übliche Fallgestaltung in Klausuren[223] ist der eigene Prüfungspunkt »mögliche Grundrechtsverletzung« dennoch ratsam.

6. Frist

153 Eine Frist für die Erhebung der Popularklage gibt es nicht; Verwirkung ist allenfalls in Ausnahmefällen anzunehmen.[224]

7. Klarstellungsinteresse

154 Zum Klarstellungsinteresse kann auf die Ausführungen zur abstrakten Normenkontrolle (oben Rdn. 106 ff.) vor dem BVerfG verwiesen werden. Hingewiesen sei nochmals darauf, dass weder ein anhängiges noch ein *erfolglos* abgeschlossenes Verfahren vor dem BVerfG das Klarstellungsinteresse für ein Popularklageverfahren vor dem BayVerfGH beeinträchtigt.[225]

8. Entscheidung

a) Maßstab

155 Prüfungsmaßstab ist im Grundsatz die gesamte BV und nur diese.

156 Nach der Konzeption des Art. 98 S. 4 BV (Schutz der Grundrechte als Zweck der Popularklage) dürften eigentlich nur die Grundrechte der BV als Prüfungsmaßstab herangezogen werden. Dennoch prüft der BayVerfGH die angegriffene Norm – wenn die Klage zulässig ist (d.h. eine Verletzung von Grundrechten jedenfalls möglich er-

221 *Meder* Art. 11 BV Rn. 13; BayVerfGHE n.F. 29, 191 (200). Anders beim Grundrecht auf Eigentum (Art. 103 BV): Soweit man seinen Schutz den Gemeinden überhaupt zuerkennt (was der BayVerfGH nicht ausschließt, soweit die Gemeinde sich in einer »grundrechtstypischen Gefährdungslage« gegenüber dem Staat befindet – BayVerfGHE n.F. 37, 101 [105] entgegen BVerfGE 61, 82 [103 ff.]; dazu *Meder* Vorbem. vor Art. 98 BV Rn. 5), geht es um ein *Grundrecht*, dessen Verletzung jedermann rügen kann (vgl. oben Rdn. 140).

222 *Pestalozza* S. 451 m.N.

223 Die keinen ausformulierten Antrag, sondern einen Sachverhalt zur Prüfung stellt. Anders u.U. in der Referendarausbildung.

224 *Pestalozza* S. 452.

225 *Meder* Art. 98 BV Rn. 38; *Pestalozza* S. 452 f.

scheint – oben Rdn. 141 ff.) – am Maßstab der gesamten BV[226]. Dies führt zu Überschneidungen mit der Normprüfungskompetenz des BayVGH gem. § 47 VwGO: Der VGH prüft untergesetzliches Landesrecht (§ 47 I Nr. 2 VwGO, Art. 5 I BayAGVwGO) umfassend auf seine Gültigkeit – u.a. also am Maßstab der BV, nicht jedoch an deren Grundrechtsteil, da diese Kontrolle dem BayVerfGH vorbehalten[227] ist (§ 47 III VwGO, Art. 98 S. 4 BV). Infolge der Ausdehnung des Prüfungsmaßstabs bei der Popularklage wird die übrige BV (ohne Grundrechte) von beiden Gerichten als Maßstab herangezogen.[228]

Die Vorfrage, ob die anzuwendende Vorschrift der BV gegen Bundesrecht verstößt 157
(vgl. oben Rdn. 87), hat der BayVerfGH im Rahmen der Popularklage nicht zu prüfen.[229]

Zu berücksichtigen sind aber die Kompetenzvorschriften des GG. Der BayVerfGH 158
prüft die Zuständigkeit des Landesgesetzgebers (Art. 70 ff. GG) im Rahmen des Rechtsstaatsprinzips der BV (Art. 3 I 1 BV): ein offensichtlicher und schwerwiegender Verstoß gegen bundesrechtliche Kompetenzvorschriften begründet zugleich einen Verstoß gegen das (bayerische) Rechtsstaatsgebot (vgl. oben Rdn. 88).[230] Eine Vorlage gem. Art. 100 I GG kommt dabei nicht in Betracht.

b) Inhalt

Der Inhalt der Entscheidung entspricht dem der Entscheidung des BVerfG im abs- 159
trakten Normenkontrollverfahren, d.h.:[231] bei Verfassungswidrigkeit der Norm grundsätzlich Nichtigerklärung (mit Wirkung ex tunc), ausnahmsweise Unvereinbarerklärung (jedoch keine Erstreckung der Entscheidung entsprechend § 78 S. 2 BVerfGG).

c) Wirkungen der Entscheidung

Rechtskräftige Urteile, die auf einer für nichtig oder unvereinbar erklärten Norm be- 160
ruhen, bleiben analog § 79 BVerfGG grundsätzlich unberührt.[232]

9. Prüfungsschema

161

I. Zulässigkeit[233]
   1. Zuständigkeit des BayVerfGH
      – Art. 98 S. 4 BV, Art. 2 Nr. 7 BayVerfGHG.
   2. Antragsberechtigung, Art. 55 I BayVerfGHG; Art. 98 S. 4 BV
      – Jedermann (einschl. juristischer Personen und nichtrechtsfähiger Vereinigungen; letztere *soweit* ihnen Rechte zustehen).

226 *Meder* Art. 98 BV Rn. 15 ff.; *Domcke* S. 249 f.

227 *Kopp/Schenke* § 47 VwGO Rn. 100–102 m.N.; a.A. *Bettermann* S. 467 (500 f.) m.N.

228 Vgl. allgemein *Bettermann* S. 467 (500 f.) m.N.; *Kamp* Das Verhältnis von verfassungsgerichtlichen und verwaltungsgerichtlichen Normenkontrollverfahren, Diss. Würzburg 1992.

229 *Meder* Art. 98 BV Rn. 14a; *Schmitt Glaeser/Horn* BayVBl. 1992, 673 (684); vgl. aber *Degenhart* Rn. 840 m.N.

230 BayVerfGH BayVBl. 1992, 365 (365 f.). A.A. der VerfGH NW, der Art. 70 ff. (i.V.m. Art. 1 I LV) selbständig als Prüfungsmaßstab heranzieht (DÖV 1992, 968 [969 f.]). Vgl. auch *Meder* Art. 98 Rn. 14b m.N.; *Bethge* S. 17 (31 f.) m.N.; a.A. offenbar *Pestalozza* S. 450 und *Domcke* S. 249 f.

231 *Meder* Art. 98 BV Rn. 30a f.

232 BayVerfGH BayVBl. 1993, 428 f.

233 Vgl. *Degenhart* Rn. 840. Alle hier angebotenen Schemata sollten als Anhaltspunkte, keinesfalls aber als starre Raster verstanden werden (oben Fn. 110)!

3. Verfahrensgegenstand, Art. 55 I BayVerfGHG
   - Bayerisches Landesrecht jeder Rangstufe,
   - das »existent« ist.
4. Antragsbefugnis im Sinne eigener Betroffenheit nicht erforderlich.
5. Mögliche Grundrechtsverletzung (BV!), Art. 55 I 2 BayVerfGHG.
6. Form: Art. 14 I 1, 55 I 2 BayVerfGHG; Frist: keine.
7. (Objektives) Klarstellungsinteresse
   - durch mögliche Grundrechtsverletzung indiziert; fehlt nicht bei anderen Verfahrensmöglichkeiten.

II. Begründetheit
   - Formelle und materielle Verfassungsmäßigkeit;
   - Prüfungsmaßstab: (gesamte) BV.

C. Die konkrete Normenkontrolle

162 Von der abstrakten Normenkontrolle unterscheidet sich die konkrete in erster Linie durch die Einleitung des Verfahrens: Die abstrakte Normenkontrolle wird durch einen Antrag eingeleitet und dient – unabhängig vom Einzelfall – der Ausräumung von Meinungsverschiedenheiten oder Zweifeln über die Gültigkeit einer Norm; die konkrete Normenkontrolle setzt demgegenüber zunächst ein anhängiges (»konkretes«) Gerichtsverfahren voraus und wird durch Vorlage des damit befassten Gerichts eingeleitet (sie wird daher auch Richtervorlage genannt).

163 *Jeder* Richter kann (und muss) eine Norm, bevor er sie anwendet, auf ihre Wirksamkeit prüfen (»Prüfungskompetenz«).[234] Hält er die Norm für wirksam, so wendet er sie ohne weiteres an. Hält er sie für unwirksam, so darf er sie – jedenfalls zunächst[235] – nicht anwenden, da er an Recht und Gesetz gebunden ist (Art. 20 III GG).

164 Von dieser Prüfungskompetenz zu unterscheiden ist die »Verwerfungskompetenz«, d.h. das Recht, die für unwirksam gehaltene Norm als unwirksam zu *behandeln* und *endgültig* nicht anzuwenden. Aus der Bindung an das Gesetz (und dem Grundsatz der Gewaltenteilung) folgt auch, dass der Richter die Entscheidungen des parlamentarischen Gesetzgebers grundsätzlich zu achten hat; nicht jeder Richter soll sich über den Willen des demokratisch legitimierten Gesetzgebers hinwegsetzen dürfen.[236] Deshalb liegt die Verwerfungskompetenz für förmliche Gesetze in der Regel ausschließlich bei den Verfassungsgerichten (»Verwerfungsmonopol«).[237]

165 Für untergesetzliches *Bundesrecht* (Rechtsverordnungen, Satzungen) hat jedes Gericht selbst die Verwerfungskompetenz; d.h.: Wenn es bei der Entscheidung eines konkreten Falles auf eine Rechtsverordnung/Satzung ankommt (unten Rdn. 183 ff.), so prüft das Gericht (selbst) die Wirksamkeit dieser Norm. Hält es sie für unwirksam, so wendet es sie nicht an; es entscheidet aber nur über seinen Fall – eine allgemeinverbindliche Feststellung der Unwirksamkeit/Wirksamkeit der Norm findet nicht statt (»Inzident-Kontrolle«, anders bei der Normenkontrolle nach § 47 VwGO).

234 *Pestalozza* S. 202 f.; *Benda/Klein* Rn. 767.
235 *Schlaich/Korioth* Rn. 135.
236 *Schlaich/Korioth* Rn. 136.
237 Vgl. *Bettermann* S. 323 (326 ff.).

Dasselbe gilt für untergesetzliches *Landesrecht*, soweit nicht das Landesrecht eine Vorlagepflicht konstituiert, wie *in Bayern Art. 50 I BayVerfGHG* (dazu unten Rdn. 199). 166

Wenn ein Gericht im konkreten Fall ein formelles (Bundes- oder Landes-) Gesetz anzuwenden hat, so *muss*[238] es dieses ebenfalls auf seine Wirksamkeit prüfen (oben Rdn. 163). Hält das Gericht das Gesetz für unwirksam, so muss es sein Verfahren aussetzen (Art. 100 I 1 GG) und diese Frage dem zuständigen Verfassungsgericht vorlegen.[239] Dessen Entscheidung über die Gültigkeit des Gesetzes ist dann allgemeinverbindlich (vgl. § 31 BVerfGG, Art. 29 BayVerfGHG) und für das vorlegende Gericht, das nunmehr den konkreten Fall (der Anlass der Vorlage war) zu entscheiden hat, bindend. 167

I. Verfahren vor dem Bundesverfassungsgericht[240]

Die Zuständigkeit des BVerfG für die konkrete Normenkontrolle ergibt sich aus Art. 100 I GG und § 13 Nr. 11 BVerfGG; das Verfahren ist in §§ 80–82 BVerfGG geregelt. 168

1. Vorlageberechtigung

Vorlageberechtigt ist jedes Gericht (§ 80 I BVerfGG) jeder Instanz,[241] also ein Amtsgericht ebenso wie ein Bundesgericht oder ein Landesverfassungsgericht; der Instanzenzug braucht nicht vorher durchlaufen zu sein. Zu den vorlageberechtigten Gerichten gehören auch Berufs- und Ehrengerichte, nicht aber private Schiedsgerichte und Rechnungshöfe.[242] 169

2. Verfahrensgegenstand (Statthaftigkeit)

§ 80 I BVerfGG i.V.m. Art. 100 I GG spricht von »Gesetz«. Zur Auslegung dieses Begriffes hat das BVerfG aus dem genannten vorrangigen Zweck der konkreten Normenkontrolle, die Autorität des *parlamentarischen* Gesetzgebers zu schützen (oben Rdn. 164), geschlossen: »Gesetze« i.S.d. Art. 100 I 1 GG sind nur[243] 170

- formelle[244] Gesetze einschl. verfassungsändernder Gesetze[245] (ohne Gewohnheitsrecht),[246] 171
- die nach Inkrafttreten des GG, also nach dem 23.5.1949 (vgl. Fn. 4 im »Sartorius I« zu Art. 145 II GG) erlassen (d.h. verkündet)[247] worden sind (»nachkonstitutionel- 172

238 Willkürliche Nichtvorlage ist ein Verstoß gegen Art. 101 I 2 GG bzw. Art. 86 I 2 BV (Garantie des gesetzlichen Richters), der mit Verfassungsbeschwerde geltend gemacht werden kann; *Pestalozza* S. 206, 424 m.N.

239 Mit Ausnahme vorkonstitutioneller Bundesgesetze; unten Rn. 172.

240 Hierzu *Scholler/Birk* Fall 12; *Robbers* JuS 1994, 397 (399 ff.; mit Fallbeispielen); *Kornbichler/Polster/Tiede/Urabl* S. 270 ff.

241 *Benda/Klein* Rn. 778 ff.; *Schlaich/Korioth* Rn. 140.

242 *Pestalozza* S. 203; *Scholler/Birk* S. 141 m.N.

243 BVerfGE 1, 184 (189 ff.); *Benda/Klein* Rn. 786 ff.; *Degenhart* Rn. 645; *Schlaich/Korioth* Rn. 141; *Scholler/Birk* S. 141.

244 Zum Begriff vgl. *Hesse* Rn. 502 ff.

245 *Benda/Klein* Rn. 786.

246 Maunz/Schmidt-Bleibtreu/Klein/Bethge/*Ulsamer* § 80 Rn. 69.

le Gesetze«; nicht vorlagefähig ist daher ursprüngliches Bundes-Verfassungsrecht);[248]; denn:

173 Vor Inkrafttreten des GG konnte der Gesetzgeber dieses nicht beachten. Folglich bedeutet auch die Verwerfung eines vorkonstitutionellen Gesetzes keinen Vorwurf an den parlamentarischen Gesetzgeber und damit keine Missachtung seiner Autorität, deren Schutz Zweck der Vorlagepflicht ist.[249]

174 Gem. Art. 100 I 2 GG kann auch Landesrecht dem BVerfG vorgelegt werden. »Landesrecht« i.S.d. Art. 100 I 2, 1. Alt. GG (Vorlage wegen Verstoß gegen das GG) sind (entsprechend oben Rdn. 171 f.) nur formelle, nachkonstitutionelle (in Bezug auf das GG!) Landesgesetze (einschl. Landesverfassungsrecht). »Landesgesetz« i.S.d. Art. 100 I 2, 2. Alt. GG (Vorlage wegen Verstoß gegen *sonstiges*[250] Bundesrecht) meint ebenfalls nur das formelle Landesgesetz; es muss jünger sein als das Bundesrecht, an dem es gemessen werden soll (»nachlegales Gesetz«).

175 Ältere Gesetze sind allerdings dann als nachkonstitutionell[251] anzusehen (und damit möglicher Verfahrensgegenstand), wenn (sie zwar älter als das GG sind, aber) der Gesetzgeber sie »nachträglich«, d.h. nach Inkrafttreten des GG, »in seinen Willen aufgenommen«[252] hat. Das ist anzunehmen, wenn

- das Gesetz neu verkündet wurde (*nicht* bei Neubekanntmachung, die keinen gesetzgeberischen Akt darstellt);
- der Gesetzgeber in einem nachkonstitutionellen Gesetz ausdrücklich auf die (an sich) vorkonstitutionelle Norm[253] verwiesen hat;
- der Gesetzgeber die betreffende *Norm* maßgeblich[254] geändert hat;
- die Norm in untrennbarem Zusammenhang mit einer nachkonstitutionellen Norm steht.

176 Das (formelle, nachkonstitutionelle/nachlegale) Gesetz muss weiterhin »existent« (vgl. oben Rdn. 96) sein; der Prüfungspunkt hat jedoch neben »Entscheidungserheblichkeit« keine eigenständige Bedeutung. Ein Unterlassen des Gesetzgebers kann nicht vorgelegt werden.[255]

177 Auseinanderzuhalten sind die verschiedenen in Art. 100 I GG verwendeten Gesetzesbegriffe:[256]

- »Gesetz« i.S.d. Art. 100 I 1 GG: formelles Bundes- oder Landesgesetz;
- »Landesrecht«, »Landesgesetz« i.S.d. Art. 100 I 2 GG: formelles Landesgesetz;
- »Bundesgesetz« i.S.d. Art. 100 I 2 GG: Gesetz im materiellen Sinn!

247 Maunz/Schmidt-Bleibtreu/Klein/Bethge/*Ulsamer* § 80 Rn. 106.
248 *Benda/Klein* Rn. 794; a.A. noch BVerfGE 3, 225 (231 f.). Vgl. auch *Schlaich/Korioth* Rn. 141.
249 *Pestalozza* S. 207 f.
250 Also das gesamte, auch untergesetzliche Bundesrecht (Art. 31 GG).
251 Bzw. »nachlegal«, soweit Landesrecht an sonstigem Bundesrecht gemessen werden soll.
252 Dazu *Benda/Klein* Rn. 795 ff.; *Pestalozza* S. 208 f. m.N.; ausführlich Maunz/Schmidt-Bleibtreu/Klein/Bethge/*Ulsamer* § 80 Rn. 74 ff.
253 Abzustellen ist auf die konkrete Regelung; innerhalb eines umfangreichen Gesetzes (wie BGB, GewO) kann demnach eine Norm vor-, eine andere nachkonstitutionell sein; BVerfGE 41, 344 (351).
254 Also inhaltlich; Änderungen nur redaktioneller oder grammatikalischer Bedeutung genügen nicht.
255 *Benda/Klein* Rn. 801 f.
256 Zu den Begriffen *Hesse* Rn. 502 ff.

3. Europäisches Gemeinschaftsrecht als Verfahrensgegenstand[257]

Die Verträge zur Gründung der Europäischen Gemeinschaften (»primäres« Gemeinschaftsrecht) sind völkerrechtliche Verträge und unterliegen als solche nicht der Gerichtsbarkeit des BVerfG. Vorlagefähig sind jedoch die jeweiligen Zustimmungsgesetze[258] (vgl. Art. 59 II GG); ebenso bei etwaigen Änderungen der Verträge. 178

Die EG ist eine Zwischenstaatliche Einrichtung i.S.d. Art. 24 I GG. Ursprünglich deutsche Hoheitsrechte wurden (durch das primäre Gemeinschaftsrecht) auf diese übertragen und werden nun nicht mehr von der deutschen Hoheitsgewalt wahrgenommen. Daher unterliegt auch das von den Gemeinschaftsorganen gesetzte (»sekundäre«, »abgeleitete«) Gemeinschaftsrecht nicht der deutschen Jurisdiktion; über seine Gültigkeit und Auslegung entscheidet der EuGH (»Vorabentscheidung« gem. Art. 177 EWGV) mit bindender Wirkung für die nationalen Gerichte, also auch das BVerfG. Dennoch hat sich das BVerfG für befugt gehalten, sekundäres Gemeinschaftsrecht zu überprüfen. Wegen der Bindung an die Entscheidungen des EuGH konnte es zwar nicht über die (abstrakte) Gültigkeit entscheiden; es hielt sich jedoch für zuständig, über die *Anwendbarkeit* sekundären Gemeinschaftsrechts durch deutsche Stellen zu entscheiden. Das sollte so lange gelten, wie das Gemeinschaftsrecht keinen dem GG adäquaten Grundrechtskatalog enthielt.[259] 179

Nachdem es in einer weiteren Entscheidung offengelassen hatte, ob dies noch uneingeschränkt gilt,[260] entschied das BVerfG im Jahre 1986:[261] 180

»Solange die Europäischen Gemeinschaften, insbesondere die Rechtsprechung des Gerichtshofs der Gemeinschaften einen wirksamen Schutz der Grundrechte (...) generell gewährleisten, der dem vom GG als unabdingbar gebotenen Grundrechtsschutz im Wesentlichen gleichzuachten ist, zumal den Wesensgehalt der Grundrechte generell verbürgt, wird das BVerfG seine Gerichtsbarkeit über die Anwendbarkeit von abgeleitetem Gemeinschaftsrecht, das als Rechtsgrundlage für ein Verhalten deutscher Gerichte oder Behörden (...) in Anspruch genommen wird, nicht mehr ausüben und dieses Recht mithin nicht mehr am Maßstab der Grundrechte des GG überprüfen; entsprechende Vorlagen nach Art. 100 I GG sind somit unzulässig.«

Zumindest vorläufig (»solange«) kann mithin davon ausgegangen werden, dass sekundäres Gemeinschaftsrecht nicht mehr Verfahrensgegenstand einer konkreten Normenkontrolle sein kann[262] (obwohl das BVerfG das grundsätzliche Bestehen der Kompetenz weiterhin annimmt). Entsprechende Probleme könnten sich aber im Bereich der NATO ergeben,[263] die ebenfalls eine Zwischenstaatliche Einrichtung i.S.d. Art. 24 I GG darstellt, jedoch keinen Grundrechtskatalog kennt.

257 Dazu *Benda/Klein* Rn. 807 ff. m.N.; *Bettermann* S. 339 ff.; *Hillgruber/Goos* Rn. 597 ff.
258 Vgl. oben Rdn. 95, 97.
259 BVerfGE 37, 271 (285), sog. »Solange I«-Beschluss (1974).
260 BVerfGE 52, 187 (202 f.), »Vielleicht« (1979).
261 BVerfGE 73, 339 (340), »Solange II«.
262 Instruktiv zu Rechtsschutzmöglichkeiten gegenüber sekundärem Gemeinschaftsrecht BVerfG DÖV 1992, 1010; *Lörcher* JuS 1993, 1011 ff. Vgl. auch BVerfG EuGRZ 1993, 429 ff. (»Maastricht-Urteil«); dazu *Schlaich/Korioth* Rn. 143 und 358 ff. m.N. sowie *Nicolaysen/Nowak* NJW 2001, 1233 ff.
263 *Gusy* Rn. 28 m.N.

4. Überzeugung von der Verfassungswidrigkeit

181 Das vorlegende Gericht muss von der Verfassungswidrigkeit[264] der Norm überzeugt sein[265] (§ 80 I BVerfGG i.V.m. Art. 100 I GG); d.h. das Gericht muss die Norm zunächst selbst prüfen und dabei zu dem Ergebnis kommen, dass die Norm verfassungswidrig ist (also auch nicht verfassungskonform ausgelegt werden kann!).[266] Bloße Zweifel an der Verfassungsmäßigkeit genügen nicht.

182 Dies muss das Gericht im Vorlagebeschluss begründen; an die RSpr. höherer Instanzen ist es dabei grundsätzlich nicht gebunden (jedoch an eine Entscheidung des BVerfG,[267] soweit bereits eine solche vorliegt, § 31 BVerfGG. Eine erneute Vorlage ist dann nur zulässig, wenn sie auf neue Tatsachen gestützt ist).[268]

5. Entscheidungserheblichkeit

183 Im konkreten Prozess muss es auf die Gültigkeit der Norm ankommen[269] (§ 80 I BVerfGG i.V.m. Art. 100 I GG). Das Gericht muss also seinen Fall zunächst alternativ prüfen[270] (Wie ist zu entscheiden, wenn die Norm gültig ist; wie, wenn sie ungültig ist?). Nur, wenn es dabei zu unterschiedlichen Ergebnissen kommt, kann (und muss) das Gericht die Norm dem BVerfG vorlegen.

184 Ist die Entscheidungsformel (der Tenor) in jedem Fall gleich, so ist eine Vorlage dennoch zulässig, wenn die alternativen Begründungen verschiedene rechtliche Wirkungen hätten (Beispiel: Eine zivilrechtliche Klage ist im Fall der Wirksamkeit als unzulässig abzuweisen, im Fall der Unwirksamkeit als unbegründet. Dies führt zu verschiedenen Rechtskraftwirkungen bei gleichem Tenor: »Die Klage wird abgewiesen.«).

185 Entscheidung in diesem Sinne sind alle Endentscheidungen, also neben dem Endurteil auch (z.B.)[271] Zwischen-, Grund- und Versäumnisurteile sowie instanzabschließende Beschlüsse; ebenso Entscheidungen über die Gewährung von einstweiligem Rechtsschutz. Ein Beweisbeschluss kommt nur in Betracht, wenn es um die Zulässigkeit der Beweiserhebung selbst geht oder – *ganz ausnahmsweise* – wenn die Beweisaufnahme extrem aufwendig wäre und die Vorlagefrage von allgemeiner und grundsätzlicher Bedeutung ist.[272] In der Regel jedoch ist eine Beweisaufnahme auch dann durchzuführen, wenn es im Fall der Unwirksamkeit der Norm auf ihr Ergebnis nicht mehr ankäme.[273]

186 Die Vorlage ist nur zulässig, *soweit* das Gesetz entscheidungserheblich ist. Das BVerfG prüft dies sehr genau und beschränkt (oder erweitert) den Vorlagebeschluss

264 Bzw. – im Fall der Vorlage eines Landesgesetzes wegen Verstoß gegen sonstiges Bundesrecht, Art. 100 I 2, 2. Alt. GG – Bundesrechtswidrigkeit.

265 *Benda/Klein* Rn. 819 ff.

266 *Schlaich/Korioth* Rn. 145.

267 Zu Einzelheiten vgl. *Ziekow* NVwZ 1995, 247 ff.

268 *Benda/Klein* Rn. 1336 ff.

269 *Benda/Klein* Rn. 827 ff.; *Pestalozza* S. 210.

270 *Schlaich/Korioth* Rn. 148.

271 Ausführlich Maunz/Schmidt-Bleibtreu/Klein/Bethge/*Ulsamer* § 80 Rn. 218 ff.

272 *Benda/Klein* Rn. 833; *Schlaich/Korioth* Rn. 158 m.N.

273 Denn nach der Beweisaufnahme kommt es möglicherweise auf die Gültigkeit der Norm nicht (mehr) an.

gegebenenfalls entsprechend. Die Zulässigkeit kann sich dabei auf einen Paragraphen, einen Absatz, einen Satz oder auch nur eine Alternative beschränken.[274]

Die Auslegung des einfachen[275] Rechts durch das Prozessgericht bei der Prüfung der Entscheidungserheblichkeit nimmt das BVerfG dagegen hin,[276] wenn sie nicht offensichtlich unhaltbar ist. 187

6. Form

Die Vorlage erfolgt durch (schriftlichen) Aussetzungs- und Vorlagebeschluss[277] (§ 80 II BVerfGG), der in derselben Besetzung zu fassen ist wie die Entscheidung, für die es auf die Gültigkeit der Norm ankommt. Der Vorlagebeschluss muss aus sich heraus (ohne Studium der Akten, die aber beizufügen sind, § 80 II 2 BVerfGG) verständlich sein und darlegen, 188

- warum das Gesetz entscheidungserheblich ist,
- warum das Gericht es für ungültig hält.

7. Frist

An eine Frist ist die konkrete Normenkontrolle (naturgemäß) nicht gebunden. 189

8. Verfahrenskonkurrenzen

Die Vorlage kann und muss auch dann erfolgen, wenn bereits ein anderes Gericht dieselbe Vorschrift vorgelegt hat.[278] Dies entspricht dem Wortlaut des Art. 100 I GG, verschafft dem BVerfG eine breitere Argumentationsbasis und ist im Hinblick auf die strenge Prüfung der Entscheidungserheblichkeit (oben Rdn. 186) auch aus praktischen Gründen geboten. 190

Eine Vorlage an ein Landesverfassungsgericht (wegen Verstoß gegen die Landesverfassung) kann die Zulässigkeit wegen der unterschiedlichen Prüfungsmaßstäbe nicht berühren; beide Vorlagen sind vielmehr nacheinander oder nebeneinander möglich.[279] 191

9. Entscheidung

a) Maßstab[280]

Bundesgesetze werden am GG gemessen (ohne Beschränkung auf die im Vorlagebeschluss angeführten Unwirksamkeitsgründe); Prüfungsmaßstab für Landesgesetze ist 192

274 *Schlaich/Korioth* Rn. 157.
275 In Abgrenzung zum Verfassungsrecht.
276 Genauer *Benda/Klein* Rn. 841 ff.
277 *Pestalozza* S. 204 f.
278 *Schlaich/Korioth* Rn. 159.
279 Solange nicht durch Nichtigerklärung im einen Verfahren der Gegenstand des anderen entfallen ist; vgl. oben Rdn. 110 und *Pestalozza* S. 213.
280 *Benda/Klein* Rn. 888 ff.

das gesamte Bundesrecht[281] (vgl. Art. 31 GG – grundsätzlich ebenfalls ohne Beschränkung auf die Begründung des Vorlagebeschlusses).

b) Inhalt[282]

193 Ist das vorgelegte Gesetz mit dem Maßstab vereinbar, so stellt das BVerfG dies in der Entscheidungsformel fest; im Falle der Unvereinbarkeit erklärt es das Gesetz in der Regel für nichtig (§§ 82 I, 78 BVerfGG). Auch eine Erstreckung der Entscheidung auf nicht (zulässig) vorgelegte Normen, die aus denselben Gründen nichtig sind, ist möglich (§§ 82 I, 78 S. 2 BVerfGG; vgl. oben Rdn. 124).

194 Als Ausnahme kommt – wie bei der abstrakten Normenkontrolle – die Unvereinbarerklärung in Betracht. Zu den Fallgruppen vgl. oben Rdn. 126 ff.

c) Wirkungen der Entscheidung

195 Die Entscheidung hat Bindungswirkung (§ 31 I BVerfGG) und Gesetzeskraft (§ 31 II BVerfGG). Die Auswirkungen auf Entscheidungen, die auf einem für nichtig oder unvereinbar erklärten Gesetz beruhen, regelt § 79 i.V.m. § 82 I BVerfGG (dazu oben Rdn. 131 f.).

10. Prüfungsschema[283]

196 I. Zulässigkeit[284]
1. Zuständigkeit des BVerfG
   - Art. 100 I GG, § 13 Nr. 11 BVerfGG.
2. Vorlageberechtigung
   - Jedes Gericht, Art. 100 I GG, § 80 I BVerfGG.
3. Verfahrensgegenstand
   - Formelles, nachkonstitutionelles Bundesgesetz;
   - Formelles, nachkonstitutionelles (GG!) bzw. »nachlegales« Landesgesetz.
4. Überzeugung von der Nichtigkeit des Gesetzes.
5. Entscheidungserheblichkeit
   - Zulässig nur, *soweit* im konkreten Fall die Entscheidung von der Gültigkeit des Gesetzes abhängt.
6. Form
   - Aussetzungs- (Art. 100 I GG) und Vorlagebeschluss; Inhalt: § 80 II BVerfGG.
7. Frist: keine.

II. Begründetheit
Maßstab für Bundesgesetze: GG;
Maßstab für Landesgesetze: GG und sonstiges Bundesrecht.

281 D.h. insbesondere: Landesgesetze werden nicht entweder am GG oder am sonstigen Bundesrecht gemessen – je nachdem, ob der Vorlagebeschluss auf der 1. oder 2. Alt. des Art. 100 I 2 GG beruht –, sondern in jedem Fall umfassend!

282 *Benda/Klein* Rn. 895.

283 Das Verfassungsprozessrecht ist aufgrund seiner lückenhaften Rechtsquellen noch weniger als das sonstige Prozessrecht dazu geeignet, durch Schemata erfasst zu werden. Alle hier angebotenen Schemata sollten daher als Anhaltspunkte, keinesfalls aber als starre Raster verstanden werden.

284 Vgl. *Degenhart* Rn. 774 ff.

II. Bayern[285]

Die Zuständigkeit des BayVerfGH für Richtervorlagen ergibt sich aus Art. 100 I 1 GG, Art. 65, 92 BV, Art. 2 Nr. 5 BayVerfGHG; das Verfahren regelt Art. 50 BayVerfGHG. 197

1. Vorlageberechtigung

Zur Vorlage berechtigt (und bei Vorliegen der Voraussetzungen verpflichtet) sind alle (staatlichen) Gerichte,[286] entsprechend dem Verfahren vor dem BVerfG (oben Rdn. 169). 198

2. Verfahrensgegenstand

Gegenstand der Vorlage können formelle Landesgesetze sein (Art. 100 I 1 GG, Art. 65, 92 BV: »Gesetz«), aber auch untergesetzliches Landesrecht (Rechtsverordnungen, Satzungen; Art. 2 Nr. 5, 50 I BayVerfGHG: »Rechtsvorschrift«)[287]. Das Alter der Vorschrift spielt – im Gegensatz zum Bundesrecht (vgl. oben Rdn. 172) – keine Rolle; auch vorkonstitutionelles[288] Recht kann Gegenstand der Vorlage sein.[289] 199

Die Norm muss existent (grundsätzlich: verkündet und noch in Kraft; vgl. oben Rdn. 96, 176) sein; ein Unterlassen des zuständigen Normsetzers kann nicht vorgelegt werden.[290] 200

3. Überzeugung von der Verfassungswidrigkeit

Das vorlegende Gericht muss von der Verfassungswidrigkeit der Norm (in Bezug auf die BV!) überzeugt sein (vgl. Art. 50 II 2 BayVerfGHG); bloße Zweifel genügen nicht (vgl. oben Rdn. 181). 201

4. Entscheidungserheblichkeit

Die vorzulegende Norm muss für einen konkreten Rechtsstreit »erheblich« sein (Art. 50 I BayVerfGHG); d.h. das Gericht muss bei Verfassungsmäßigkeit der Norm zu einem anderen Ergebnis kommen als bei Verfassungswidrigkeit (vgl. oben Rdn. 183 ff.). 202

Ist eine Norm bereits aus anderen Gründen nichtig (etwa: Eine Rechtsverordnung hält sich nicht im Rahmen ihres Ermächtigungsgesetzes), so ist die Frage der Verfassungsmäßigkeit[291] nicht entscheidungserheblich und die Vorlage unzulässig. 203

285 Die Richtervorlage zum BayVerfGH ist wenig prüfungsrelevant.
286 *Groschupf* S. 85 ff. (89 f.); *Meder* Art. 92 BV Rn. 3.
287 Ob Art. 65, 92 BV nur Gesetze im formellen oder auch im materiellen Sinn umfassen, ist unklar. Jedenfalls sind Art. 2 Nr. 5, 50 BayVerfGHG verfassungsgemäß, da sie entweder Art. 65, 92 BV insoweit zulässig interpretieren oder durch Art. 67 BV gedeckt sind; vgl. *Pestalozza* S. 425 m.N. Art. 100 I GG steht dieser Ausdehnung nicht entgegen (*Pestalozza* S. 203; *Groschupf* S. 95; a.A. *Bettermann* S. 327 f.).
288 Abzustellen wäre hier auf die Landesverfassung (BV v. 2. 12. 1946).
289 Vgl. *Pestalozza* S. 425 m.N.; *Groschupf* S. 94.
290 *Groschupf* S. 95; *Pestalozza* S. 425; teilweise a.A. *Meder* Art. 92 BV Rn. 2. Vgl. auch oben Rdn. 176.

204 Diese Grundsätze gelten auch für den BayVGH i.R.d. Normenkontrolle nach § 47 VwGO.[292] Kommt es in diesem Verfahren auf die Landesverfassungswidrigkeit (BV) der Norm an, welche den Gegenstand des Normenkontrollverfahrens bildet, so muss der BayVGH die Frage dem BayVerfGH vorlegen. Dies gilt jedoch nicht für den Grundrechtsteil der BV;[293] Der BayVGH darf i.R.d. Normenkontrolle nach § 47 VwGO die bayerischen *Grundrechte* nicht als Prüfungsmaßstab heranziehen (§ 47 III VwGO, Art. 98 S. 4 BV); es fehlt ihm also *insoweit* bereits die Prüfungskompetenz (oben Rdn. 163 f.), sodass er sich eine Überzeugung von der Verfassungswidrigkeit (hier: Grundrechtswidrigkeit), die Voraussetzung der Vorlage ist, nicht bilden kann.

5. Form

205 Die Vorlage erfolgt durch (schriftlichen) Aussetzungs- und Vorlagebeschluss (Art. 50 II BayVerfGHG), entsprechend dem bundesrechtlichen Verfahren (oben Rdn. 188).

6. Entscheidung

a) Maßstab

206 Maßstab der Entscheidung ist ausschließlich die BV[294] (auch, soweit Satzungen/Rechtsverordnungen den Verfahrensgegenstand bilden!). Ob die vorgelegte Norm gegen Bundesrecht verstößt, hat der BayVerfGH auch nicht als Vorfrage zu prüfen; dies gilt grundsätzlich auch für die Kompetenzvorschriften (Art. 70 ff. GG).[295]

b) Inhalt

207 Der Entscheidungsinhalt entspricht dem Inhalt der Entscheidung des BVerfG (oben Rdn. 193 f., 126 ff.): im Fall der Verfassungsmäßigkeit positive Feststellung der Vereinbarkeit, im Fall der Verfassungswidrigkeit grundsätzlich Nichtigerklärung, ausnahmsweise Unvereinbarerklärung.

c) Wirkungen der Entscheidung

208 Die Entscheidung hat Bindungswirkung gem. Art. 29 I BayVerfGHG. Die Auswirkungen auf Entscheidungen, die auf einem für nichtig oder unvereinbar erklärten Gesetz beruhen, regelt § 183 VwGO i.V.m. Art. 30 I BayVerfGHG.[296]

7. Prüfungsschema

209 Das Prüfungsschema entspricht dem bundesrechtlichen (oben Rdn. 196). Wesentliche Unterschiede bestehen beim Verfahrensgegenstand (vor- und nachkonstitutionelles Landesrecht jeder Rangstufe) und beim Prüfungsmaßstab (nur BV).

---

291 *Pestalozza* S. 426 f.
292 Dazu *Pestalozza* S. 427 f.; *Bettermann* S. 506.
293 *Pestalozza* S. 427 m.N. zur Rspr.
294 *Meder* Art. 92 BV Rn. 12.
295 BayVerfGH BayVBl. 1992, 365 (365 f.).
296 *Pestalozza* S. 428, 459. Für eine analoge Anwendung des § 79 BVerfGG *Meder* Art. 98 Rn. 34.

D. Normenverifikation und Normenqualifikation[297]

I. Normenverifikation

1. Funktion

Diese Verfahrensart ist das prozessrechtliche Gegenstück zu Art. 25 GG.[298] Die allgemeinen Regeln des Völkerrechts sind Bestandteil des Bundesrechts (Art. 25 GG). Sie gehen den Gesetzen vor und können unmittelbar Rechte und Pflichten für die Bürger begründen. Kommt es in einem (konkreten) Rechtsstreit auf eine solche Regel des Völkerrechts an und sind ihre Wirkungen zweifelhaft, so entscheidet das BVerfG auf Vorlage des Gerichts[299] darüber,[300] **210**

- ob eine solche Regel des Völkerrechts existiert,
- ob es eine *allgemeine* Regel ist,
- welche Tragweite sie hat (also etwa, ob sich entscheidungserhebliche Rechte oder Pflichten daraus ergeben).

2. Verfahren

Die Zuständigkeit des BVerfG ergibt sich aus Art. 100 II GG, § 13 Nr. 12 BVerfGG; das Verfahren ist in §§ 83, 84 BVerfGG näher geregelt; es entspricht weitgehend der konkreten Normenkontrolle. **211**

a) Vorlageberechtigung, §§ 84, 80 I BVerfGG

Vorlageberechtigt ist – entsprechend der konkreten Normenkontrolle – jedes Gericht (oben Rdn. 169). **212**

b) Zweifel

Im *Gegensatz zur konkreten Normenkontrolle* genügen bloße Zweifel. Solche Zweifel i.S.d. Art. 100 II GG bestehen, wenn.[301] **213**

- entweder das Gericht selbst *ernste* Zweifel an Existenz, Allgemeinheit oder Auswirkungen eines Völkerrechtssatzes hat;
- oder das Gericht mit seiner Meinung von der Ansicht eines Verfassungsorgans, eines hohen Gerichts oder von einer gewichtigen Literaturmeinung abweichen würde.[302]

c) Entscheidungserheblichkeit

Die Vorlagefrage muss für das konkrete Verfahren entscheidungserheblich sein[303] (vgl. oben Rdn. 183 ff.). Das ist nicht ausdrücklich geregelt, ergibt sich aber aus dem Zweck des Verfahrens und aus der Verweisung in § 84 BVerfGG auf § 80 II 1 BVerfGG. **214**

---

297 *Robbers* JuS 1994, 854 (855 f.; mit Fallbeispielen); *Kornbichler/Polster/Tiede/Urabl* S. 281 f. Beide Verfahrensarten sind kaum prüfungsrelevant.
298 *Schlaich/Korioth* Rn. 165 ff.; ausführlich *Benda/Klein* Rn. 900 ff. und *Pestalozza* S. 214 ff.
299 *Benda/Klein* Rn. 939 f.; *Hillgruber/Goos* Rn. 650.
300 *Benda/Klein* Rn. 943 ff.; *Schlaich/Korioth* Rn. 178.
301 *Benda/Klein* Rn. 952 ff.; *Pestalozza* S. 221.
302 Vgl. BVerfGE 23, 288 (316 ff.); 75, 1 (11 f.).
303 *Benda/Klein* Rn. 957; *Schlaich/Korioth* Rn. 177.

3. Entscheidung[304]

215 Das BVerfG stellt fest (§ 83 I BVerfGG), ob die fragliche allgemeine Völkerrechtsregel existiert,[305] Bestandteil des Bundesrechts ist und ob sie Rechte und Pflichten für den Bürger erzeugt. Die Entscheidung hat Bindungswirkung (§ 31 I BVerfGG) und Gesetzeskraft (§ 31 II BVerfGG).

II. Normenqualifikation

1. Funktion

216 Gem. Art. 123–125 GG gilt ehemaliges Reichsrecht weiter, soweit es dem GG nicht widerspricht. Wenn es nach dem GG zur Gesetzgebungszuständigkeit des Bundes gehört, so wurde es gem. Art. 124, 125 GG Bundesrecht; wenn nicht, so gilt es als Landesrecht weiter.

Das Normenqualifikationsverfahren dient der Klärung der Frage, ob ehemaliges Reichsrecht Bundes- oder Landesrecht geworden ist. Es dient grundsätzlich nicht der Klärung der Frage, ob es überhaupt noch gilt oder ob es als GG-widrig außer Kraft getreten ist. Diese Frage kann aber als Vorfrage mitentschieden werden.[306]

2. Verfahren[307]

217 Die Zuständigkeit des BVerfG ergibt sich aus § 13 Nr. 14 BVerfGG, Art. 126 GG; das Verfahren ist in §§ 86–89 BVerfGG näher geregelt. Zu unterscheiden sind einerseits das Verfahren auf Antrag eines Verfassungsorgans (§ 86 I BVerfGG) und andererseits das Verfahren auf Richtervorlage (§ 86 II BVerfGG).

a) Verfahren aufgrund Richtervorlage (§ 86 II BVerfGG)

218 Das Verfahren entspricht weitgehend der konkreten Normenkontrolle (vgl. die Verweisung in § 86 II BVerfGG). D.h. im Einzelnen:

aa) Vorlageberechtigt ist jedes Gericht (oben Rdn. 169).

bb) Verfahrensgegenstand ist die Frage, ob (das jeweils konkret entscheidungserhebliche) Reichsrecht als Bundesrecht weitergilt. Reichsrecht jeder Rangstufe kann vorgelegt werden.

cc) Die Frage muss streitig sein; also – ähnlich dem Normenverifikationsverfahren:

- Entweder das Gericht selbst hat ernstliche Zweifel an der Fortgeltung als Bundesrecht;
- oder es würde mit seiner Meinung von einer ernsthaft vertretenen anderen Meinung abweichen.

dd) Die Frage muss entscheidungserheblich sein (vgl. oben Rdn. 183 ff.).

304 *Schlaich/Korioth* Rn. 178 f.; ausführlich *Benda/Klein* Rn. 968 ff.

305 Kritisch insoweit *Pestalozza* S. 222 (dort Fn. 44).

306 *Benda/Klein* Rn. 900, 920 ff.; Maunz/Schmidt-Bleibtreu/Klein/Bethge/*Maunz* § 86 Rn. 3.

307 *Benda/Klein* Rn. 902 ff.; *Pestalozza* S. 231 ff. Eine analoge Anwendung auf die Frage der Fortgeltung von DDR-Recht ist umstritten; vgl. hierzu *Benda/Klein* Rn. 900 m.N.

b) Verfahren auf Antrag eines Verfassungsorgans (§ 86 I BVerfGG)

aa) Antragsberechtigt sind Bundestag, Bundesrat, Bundesregierung und die Landesregierungen (§ 86 I BVerfGG); diese Aufzählung ist abschließend. 219

bb) Verfahrensgegenstand: wie oben Rdn. 218.

cc) Die Frage muss streitig sein. Dies ist ähnlich der abstrakten Normenkontrolle zu interpretieren (vgl. oben Rdn. 101 ff.); d.h. es genügt, wenn verschiedene ernsthaft vertretene Meinungen existieren.

dd) Die Frage muss für eine Exekutiventscheidung (nicht notwendig des Antragstellers selbst) erheblich sein (§ 87 I BVerfGG); dies gilt nicht, wenn der – in § 87 I BVerfGG nicht erwähnte – Bundestag Antragsteller ist.

3. Entscheidung

Den möglichen Entscheidungsinhalt regelt § 89 BVerfGG. Die Entscheidung hat Bindungswirkung und Gesetzeskraft (§ 31 BVerfGG). 220

E. Die Divergenzvorlage[308]

Dieses Verfahren sichert die einheitliche Auslegung des GG. Es behält dem BVerfG zwar grundsätzlich die letzte Entscheidung vor, konzentriert aber die Auslegung des GG nicht gänzlich beim BVerfG. Die Zuständigkeit des BVerfG[309] ergibt sich aus Art. 100 III GG, § 13 Nr. 13 BVerfGG; das Verfahren[310] ist in § 85 BVerfGG näher geregelt. 221

1. Vorlagekompetenz

Vorlageberechtigt (und bei Vorliegen der Voraussetzungen auch verpflichtet) sind die Landesverfassungsgerichte.[311] 222

2. Entscheidungserheblichkeit

Das Landesverfassungsgericht muss bei seiner Entscheidung das GG auszulegen haben. Da Prüfungsmaßstab der Landesverfassungsgerichte regelmäßig (nur) die jeweilige Landesverfassung ist, ist dies die Ausnahme (vgl. aber oben Rdn. 82 f., 87 f., 158!). 223

Darüber hinaus muss die Auslegungsfrage für das konkrete, vor dem Landesverfassungsgericht anhängige Verfahren entscheidungserheblich sein.[312] 224

---

308 *Robbers* JuS 1994, 854 (856; mit Fallbeispielen); die Prüfungsrelevanz dieser Verfahrensart ist gering.

309 Solange noch keine verfassungsgerichtliche Entscheidung vorliegt, kann jedes Landesverfassungsgericht das GG selbständig auslegen (soweit es im Einzelfall dafür zuständig ist); vgl. z.B. BVerfGE 60, 175 (205 f.).

310 *Benda/Klein* Rn. 1182 ff.; *Pestalozza* S. 222 ff.; *Schlaich/Korioth* Rn. 180 ff.

311 *Pestalozza* S. 228 f.

312 Vgl. oben Rdn. 183 ff.; *Pestalozza* S. 229.

3. Vorliegen einer Entscheidung

225 Zu der betreffenden Auslegungsfrage muss bereits eine Entscheidung des BVerfG oder eines anderen Landesverfassungsgerichts vorliegen.

226 »Entscheidung« in diesem Sinne sind Urteile und Beschlüsse einschließlich ihrer tragenden Gründe. Ob auch eine Abweichung von einem »obiter dictum«[313] die Vorlagepflicht auslöst, ist umstritten; um der Einheitlichkeit der Auslegung des GG Willen sollte dies aber grundsätzlich bejaht werden,[314] schon weil »tragende« und »nichttragende« Gründe im Einzelfall schwer abzugrenzen sind.

4. Abweichung

227 Die vom vorlegenden Landesverfassungsgericht für richtig gehaltene Auslegung muss von der Vorentscheidung abweichen.

Daraus ergibt sich zugleich, dass die grundsätzliche Bindungswirkung der Entscheidungen des BVerfG auch für Landesverfassungsgerichte nach § 31 I BVerfGG eine Divergenzvorlage nicht hindert: Das Landesverfassungsgericht kann eine Änderung der Rechtsprechung (auch) des BVerfG anregen, es darf jedoch nicht abweichen, wenn das BVerfG an seiner Meinung festhält.

5. Form

228 Die Vorlage erfolgt – entsprechend der Richtervorlage nach Art. 100 I GG – durch Beschluss.

6. Entscheidung

229 Das BVerfG entscheidet über die Rechtsfrage (§ 85 III BVerfGG), also über die Auslegung des GG. Das Landesverfassungsgericht ist bei der Entscheidung seines Verfahrens an diese Auslegung gebunden (§ 31 I BVerfGG).[315]

F. Wahl- und Mandatsprüfung[316]

230 Nach Art. 41 I 1 GG kann der *Bundestag* alle Vorgänge bei einer *Bundestags*wahl überprüfen (Wahlprüfung). Grundlage ist das Wahlprüfungsgesetz[317] i.V.m. Art. 41 III GG. Die Prüfung erfolgt nur auf Einspruch, den jeder Wahlberechtigte, jede Gruppe von Wahlberechtigten, jeder Landeswahlleiter, Bundeswahlleiter oder der Präsident des Bundestages einlegen kann (§ 2 I, II WahlprüfG). Form- und Fristvorschriften enthalten § 2 III, IV WahlprüfG.

231 Maßnahmen und Entscheidungen, die sich unmittelbar auf das Wahlverfahren beziehen, können *nur* entweder mit den Rechtsbehelfen angefochten werden, die im

313 »Obiter dictum«: Ausführungen in den Entscheidungsgründen, die nicht zu den tragenden Gründen gehören, also nicht entscheidungserhebliche (Rechts-) Fragen erörtern.

314 Vgl. *Schlaich/Korioth* Rn. 186 m.N.; a.A. *Pestalozza* S. 229.

315 *Pestalozza* S. 230; *Schlaich/Korioth* Rn. 189; Maunz/Schmidt-Bleibtreu/Klein/Bethge/*Bethge* § 85 Rn. 79 ff.

316 Wenig prüfungsrelevant.

317 Sartorius I Nr. 32.

BWG[318] oder in der BWO[319] vorgesehen sind, oder im Wege des Wahlprüfungsverfahrens nach Art. 41 GG i.V.m. WahlprüfG (§ 49 BWG). Verfassungsgerichtliche Rechtsbehelfe (etwa Organstreitverfahren) sind also – jedenfalls zunächst – unzulässig.[320]

Gem. Art. 41 I 2 GG prüft der Bundestag auch, ob ein Abgeordneter *nachträglich* sein Mandat verloren hat (Mandatsprüfung). Mögliche Gründe für den Mandatsverlust finden sich in § 46 BWG (aber nicht nur dort, § 46 I 2 BWG!); das Verfahren der Mandatsprüfung ist in § 47 BWG näher geregelt. **232**

Erst gegen die jeweiligen Entscheidungen des Bundestages ist die Anrufung des BVerfG möglich. **233**

I. Verfahren vor dem Bundesverfassungsgericht[321]

Gegen Entscheidungen des Bundestages im Wahl- oder Mandatsprüfungsverfahren nach Art. 41 I GG ist Beschwerde zum BVerfG möglich (Art. 41 II GG, § 13 Nr. 3 BVerfGG). **234**

1. Beschwerdeberechtigung

Die Beschwerdeberechtigten sind in § 48 BVerfGG abschließend[322] aufgezählt. Ihr Kreis ist nicht deckungsgleich mit dem der Antragsberechtigten im Wahlprüfungsverfahren durch den Bundestag (oben Rdn. 230). **235**

2. Verfahrensgegenstand (Statthaftigkeit)

Das Verfahren soll die richtige Zusammensetzung des Bundestages garantieren. Der gerügte Fehler muss daher die Mandatsverteilung beeinflussen können.[323] Das BVerfG prüft – im Gegensatz zum Bundestag – inzident auch die Verfassungsmäßigkeit der Vorschriften des Wahlrechts (v.a. BWG, BWO).[324] **236**

Über die Frage der Gültigkeit oder Ungültigkeit der Wahl und die Folgen für die Mandatsverteilung (bzw. darüber, ob ein Abgeordneter sein Mandat nachträglich verloren hat oder nicht) ist – bei begründeten Beschwerden – auf jeden Fall zu entscheiden, auch wenn Verfahrensgegenstand formal der Beschluss des Bundestages nach Art. 41 I GG ist (vgl. §§ 11, 13, 15 WahlprüfG).[325] Dieser ist gegebenenfalls aufzuheben. **237**

318 Bundeswahlgesetz (Sartorius I Nr. 30).
319 Bundeswahlordnung (Sartorius I Nr. 31).
320 *Benda/Klein* Rn. 1168; *Pestalozza* S. 89 f. Zu möglichen Ausnahmen vgl. *Schlaich/Korioth* Rn. 345 m.N.
321 Dazu *Pestalozza* S. 89 ff.; *Benda/Klein* Rn. 1173 ff.; *Schlaich/Korioth* Rn. 343 ff.; *Robbers* JuS 1994, 854 (856 f.; mit Fallbeispielen); *Kornbichler/Polster/Tiede/Urabl* S. 284 f. Einzelheiten bei Maunz/Schmidt-Bleibtreu/Klein/Bethge/*Schmidt-Bleibtreu* § 48 Rn. 25 ff.
322 *Benda/Klein* Rn. 1173 m.N. zur Rspr. des BVerfG.
323 *Pestalozza* S. 91 m.N.
324 Maunz/Schmidt-Bleibtreu/Klein/Bethge/*Schmidt-Bleibtreu* § 48 Rn. 14, 21. Es kann sie jedoch in diesem Verfahren nicht für nichtig erklären (Maunz/Schmidt-Bleibtreu/Klein/Bethge/*Schmidt-Bleibtreu* § 48 Rn. 40, a.A. offenbar *Benda/Klein* Rn. 1176). Einer (Rechtssatz-) Verfassungsbeschwerde oder einem Normenkontrollantrag gegen die fragliche Vorschrift steht diese Prüfungsmöglichkeit jedenfalls nicht entgegen.
325 Vgl. Maunz/Schmidt-Bleibtreu/Klein/Bethge/*Schmidt-Bleibtreu* § 48 Rn. 40.

3. Beschwerdebefugnis

238 Entsprechend der objektiven Zwecksetzung des Verfahrens ist eine subjektive Betroffenheit des Beschwerdeführers nicht notwendig.

4. Klarstellungsinteresse

239 Das Verfahren ist nur bis zum Ende der jeweiligen Legislaturperiode zulässig; laufende Verfahren erledigen sich mit ihrem Ende.[326]

5. Form und Frist

240 Die Beschwerde ist binnen zweier Monate seit dem Beschluss des Bundestages (§ 48 I BVerfGG) schriftlich mit Begründung (§ 23 I BVerfGG) einzureichen. Besondere Formerfordernisse begründet § 48 II BVerfGG für die Beitrittserklärung der Wahlberechtigten, die einem Wahlberechtigten als Beschwerdeführer beitreten (vgl. § 48 I BVerfGG: »wenn ihm mindestens einhundert Wahlberechtigte beitreten«).

6. Vorläufiger Rechtsschutz

241 § 16 WahlprüfG enthält Sonderregelungen bezüglich einstweiliger Regelungen; ein Rückgriff auf § 32 BVerfGG bleibt daneben aber möglich.

7. Wahlen zum Europäischen Parlament

242 Bundestag und BVerfG sind auch für die Prüfung der Wahlen der deutschen Abgeordneten im Europäischen Parlament zuständig.[327]

II. Bayern[328]

243 Das bayerische Verfahren entspricht weitgehend dem bundesrechtlichen. Die Zuständigkeit des BayVerfGH ergibt sich aus Art. 33, 63 BV, 2 Nr. 3 BayVerfGHG, das Verfahren ist in Art. 47 BayVerfGHG näher geregelt.

244 Trotz des insoweit unklaren Wortlauts des Art. 33 S. 2 BV kann auch der Landtag (im Verfahren nach Art. 33 S. 1 BV) die Ungültigkeit der Wahl feststellen. Das Verfahren der Wahlprüfung durch den Landtag ist in Art. 51 ff. LWG[329] geregelt, der Mandatsverlust in Art. 56 ff. LWG (Art. 56 III LWG!).

245 Der Antrag zum BayVerfGH nach Art. 33 S. 2 BV ist auch dann zulässig, wenn der Landtag die Wahl für gültig hält.[330]

---

326 *Pestalozza* S. 91 m.N.

327 Vgl. *Pestalozza* S. 92 f. und § 26 Europawahlgesetz (das im Sartorius I nicht abgedruckt ist – schon daher kaum prüfungsrelevant).

328 Dazu *Pestalozza* S. 416 ff. Zur Antragsberechtigung BayVerfGH NVwZ-RR 1993, 115 f. (keine Antragsberechtigung politischer Parteien, da Art. 48 I BayVerfGHG insoweit abschließend).

329 Landeswahlgesetz (Ziegler/Tremel Nr. 430).

330 *Pestalozza* S. 417; a.A. *Gensior* S. 105 (116); vgl. auch *Meder* Art. 33 BV Rn. 3.

G. Die Verfassungsbeschwerden

I. Individualverfassungsbeschwerde zum BVerfG[331]

Die Zuständigkeit des BVerfG für die Entscheidung über Verfassungsbeschwerden ergibt sich aus Art. 93 I Nr. 4a GG, § 13 Nr. 8a BVerfGG. 246

Die Verfassungsbeschwerde dient in erster Linie dem Rechtsschutz – und zwar vorrangig dem Grundrechtsschutz – des Einzelnen.[332] Sie ist aber nicht Teil des Rechtsweges i.S.d. Art. 19 IV GG, sondern stellt einen »außerordentlichen, letzten und subsidiären Rechtsbehelf« dar.[333] Sie ist also kein »Rechtsmittel« i.S.d. (sonstigen) Prozessrechts; das BVerfG wird nicht als (weitere) Instanz tätig – die Verfassungsbeschwerde dient nicht der umfassenden Überprüfung von (letztinstanzlichen Gerichts-) Entscheidungen, sondern ist auf den Schutz der in Art. 93 I Nr. 4a GG genannten Rechte beschränkt.[334] Sie hat daher auch keinen Suspensiveffekt, die Einlegung der Verfassungsbeschwerde hindert weder den Eintritt der formellen Rechtskraft der angefochtenen Entscheidung noch ihren Vollzug.[335] 247

Daneben dient die Verfassungsbeschwerde auch objektiv der Wahrung und Fortentwicklung des Grundgesetzes. Das hat Folgen für den Entscheidungsmaßstab und für den Umfang des Entscheidungsausspruches, die später zu behandeln sein werden.[336] 248

1. Zulässigkeitsvoraussetzungen

Das Verfahren bei Verfassungsbeschwerden ist in Art. 94 II 2 GG, §§ 90–96 BVerfGG geregelt. 249

a) Antragsberechtigung

Antragsberechtigt ist gem. Art. 93 I Nr. 4a GG und § 90 I BVerfGG »jedermann«, der Träger eines der dort (die Aufzählungen sind identisch) genannten Rechte sein kann.[337] Wer Grundrechtsträger sein kann, ist eine Frage des materiellen Rechts und soll deshalb hier nur knapp skizziert werden: 250

aa) Natürliche Personen

Grundrechtsträger sind zunächst alle natürlichen Personen, grundsätzlich von ihrer Geburt bis zum Tod. 251

---

331 Dies ist in Prüfung und Praxis die wichtigste Verfahrensart. Beispiele bei *Scholler/Birk* Fälle 1, 2, 5, 6, 9; *Robbers* JuS 1993, 1022 ff.; *Kornbichler/Polster/Tiede/Urabl* S. 248 ff.

332 *Gusy* Rn. 15.

333 BVerfGE 49, 252 (258); vgl. auch *Benda/Klein* Rn. 368.

334 *Schlaich/Korioth* Rn. 194 f. m.N.

335 Die Schaffung »vollendeter Tatsachen« kann durch Erlass einer einstweiligen Anordnung verhindert werden; siehe dazu allgemein unten § 3, speziell zur einstweiligen Anordnung im Verfassungsbeschwerdeverfahren *Zuck* Rn. 1099 ff.

336 Unten Rdn. 365 ff.; *Gusy* Rn. 16.

337 Ohne dass es – streng systematisch betrachtet – hier darauf ankommt, ob der Beschwerdeführer Träger des/r (angeblich) verletzten Rechte(s) ist; dies ist eine Frage der Beschwerdebefugnis (a.A. Maunz/Schmidt-Bleibtreu/Klein/Bethge/*Bethge* § 90 Rn. 125 f.; Umbach/Clemens/*Ruppert/Sperlich* § 90 Rn. 16 ff.). Dennoch empfiehlt es sich, hier auf die auch thematisch einschlägigen Rechte abzustellen – schon weil beide Prüfungspunkte letztlich zusammenhängen und das Gesetz (Art. 93 I Nr. 4a GG, § 90 I BVerfGG) sie nicht trennt. Ausführungen zur Möglichkeit einer Verletzung von Rechten gehören aber ausschließlich zum Punkt »Beschwerdebefugnis«! Vgl. hierzu *Pestalozza* S. 171; *Benda/Klein* Rn. 426 f., 545 ff.

252 In beschränktem Umfang kann auch der nasciturus[338] Grundrechtsträger sein: Das ist grundsätzlich anerkannt für das Recht auf Leben und körperliche Unversehrtheit (Art. 2 II 1 GG) und in der Literatur auch bezüglich des Erbrechts (Art. 14 I 1 GG). Auch die Menschenwürde (Art. 1 I GG) steht dem nasciturus bereits zu.[339]

253 Die Grundrechtsträgerschaft endet mit dem Tod[340] und damit auch die Antragsberechtigung. Bereits erhobene Verfassungsbeschwerden können aber u.U. von den Erben fortgeführt werden, vorwiegend bei finanziellen Ansprüchen.[341] Eine Verfassungsbeschwerde aufgrund höchstpersönlicher Rechte erledigt sich grundsätzlich mit dem Tod des Antragstellers; Ausnahmen sind aber auch hier denkbar[342] (z.B.: Wer gem. § 361 II StPO ein Wiederaufnahmeverfahren betreiben kann, kann auch die Verfassungsbeschwerde gegen ein Strafurteil fortführen). Bei finanziellen Ansprüchen hat das BVerfG sogar vereinzelt gestattet, dass Rechtsnachfolger das Verfassungsbeschwerde-Verfahren *einleiten*.[343]

254 Zu beachten ist, dass einige Grundrechte (z.B. Art. 8 I, 9 I, 11 I, 12 I GG) nur Deutschen (i.S.d. Art. 116 GG) zustehen. Hier wirkt Art. 2 I GG als Auffanggrundrecht auch in personeller Hinsicht;[344] d.h. Ausländer genießen im Bereich der »Deutschen-Grundrechte« einen (eingeschränkten)[345] Grundrechtsschutz aus Art. 2 I GG.

255 Teile eines Verfassungsorgans können ihre »Statusrechte« (also Rechte, die ihnen gerade in ihrer Funktion als Organteil – z.B. Abgeordnete – zustehen) grundsätzlich nicht mit der Verfassungsbeschwerde, sondern nur mit der Organklage geltend machen (vgl. oben Rdn. 58!); d.h.: Ein Bundestagsabgeordneter kann seine Statusrechte (seine Rechte, die ihm *als Abgeordnetem* zustehen), nicht mit der Verfassungsbeschwerde geltend machen[346] (obwohl er natürliche Person und Art. 38 GG in Art. 93 I Nr. 4a GG genannt ist!).

Dies gilt jedoch *nur, soweit eine Organklage* auch *zulässig* ist, also insbesondere auf *Antragsgegnerseite* ein im Organstreitverfahren *beteiligtenfähiges Verfassungsorgan* (oder Organteil) steht. Rügt er hingegen die Verletzung eines im fachgerichtlichen Verfahren zu berücksichtigenden subjektiven öffentlichen Rechts durch die öffentliche Gewalt (und nicht durch ein »Verfassungsorgan« in diesem Sinne), so steht ihm insoweit – also (auch) zur Klärung der Frage, ob seine (Status-) Rechte aus Art. 47 S. 2 GG i.V.m. Art. 38 I 2 GG verletzt sind – die Verfassungsbeschwerde offen.[347]

bb) Privatrechtliche Personenvereinigungen

256 Die Grundrechtsfähigkeit inländischer juristischer Personen des Privatrechts (wie u.a. GmbH, AG, e.V.) richtet sich nach Art. 19 III GG: Die Grundrechte gelten für sie,

338 Dazu *Benda/Klein* Rn. 430 ff.
339 *Zuck* Rn. 629 m.N.
340 *Gusy* Rn. 44, und *Benda/Klein* Rn. 433 m.N.; *Zuck* Rn. 631 m.N.
341 Hierzu *Zuck* Rn. 676 ff.
342 *Gusy* Rn. 44 m.N.
343 *Pestalozza* S. 178 m.N.
344 *Gusy* Rn. 46 m.N.
345 Es gelten die Schranken der allgemeinen Handlungsfreiheit.
346 BVerfGE 43, 142 (148 f.); 64, 301 (313).
347 Vgl. BVerfG NJW 2003, 3401 ff. (Verfahrensgegenstand dort war eine gerichtliche Beschlagnahme von Unterlagen im Büro eines Mitarbeiters eines Abgeordneten; die Verfassungsbeschwerde gegen die Entscheidung des Landgerichts hatte Erfolg, da die Beschlagnahme gegen Art. 47 S. 2 GG verstieß.

»soweit sie ihrem Wesen nach auf sie anwendbar sind«. Dies ist jeweils im Einzelfall zu prüfen; grundsätzlich kann aber von der Grundrechtsfähigkeit inländischer juristischer Personen des privaten Rechts – v.a. im wirtschaftlichen Bereich – ausgegangen werden, soweit es nicht um höchstpersönliche Rechtsgüter wie Leben, Gesundheit oder Menschenwürde geht.[348]

Grundrechtsträger können auch nichtrechtsfähige Vereinigungen (wie OHG, KG oder der nichtrechtsfähige – nicht eingetragene – Verein) sein.[349] Dies setzt aber zumindest einen Organisationsgrad voraus, der sie *als Vereinigung* handlungsfähig macht, also die Möglichkeit zur Bildung eines kollektiven Willens.[350] Im Ergebnis sind sie dann ebenso zu behandeln wie juristische Personen. 257

Grundsätzlich *nicht* Grundrechtsträger sind dagegen ausländische juristische Personen und nichtrechtsfähige Personenvereinigungen. Maßgeblich für die Abgrenzung ist der *tatsächliche* Sitz der Vereinigung.[351] 258

Eine Ausnahme bilden die sogenannten »justiziellen« Grundrechte (Art. 19 IV, 101 I 2, 103 I und 104 GG). Auf diese kann sich – auch im Wege der Verfassungsbeschwerde – jeder berufen, der Partei in einem Rechtsstreit vor einem deutschen Gericht sein kann.[352] 259

cc) Juristische Personen des öffentlichen Rechts

Juristische Personen des öffentlichen Rechts sind im Grundsatz *nicht* grundrechtsfähig. Grundrechte sind in erster Linie Abwehrrechte gegen den Staat;[353] deshalb kann die – im weiteren Sinne stets staatliche – Verwaltung sie nicht gegen sich selbst oder gar gegen den Bürger geltend machen. Dies gilt grundsätzlich auch, wenn die öffentliche Hand sich zur Erfüllung ihrer Aufgaben eines selbständigen Rechtsgebildes bedient; wenn *und soweit* es um die Erfüllung öffentlicher Aufgaben geht sogar dann, wenn es sich dabei um eine juristische Person *des Privatrechts* handelt. 260

> **Beispiel:**[354] Ein (gemeindeeigenes) Energieversorgungsunternehmen kann sich, soweit es (öffentliche) Aufgaben der Daseinsvorsorge erfüllt, auch dann nicht auf Grundrechte berufen, wenn es als Aktiengesellschaft organisiert ist.

Umstritten ist, ob Gemeinden sich außerhalb des Bereichs ihrer öffentlichen Aufgaben auf das Eigentumsgrundrecht aus Art. 14 GG berufen können. Das BVerfG sieht Gemeinden *in keinem Fall* in einer »grundrechtstypischen Gefährdungslage« (»Art. 14 als Grundrecht schützt nicht das Privateigentum, sondern das Eigentum Privater«).[355] 261

Eine Ausnahme bilden auch hier wieder die justiziellen Grundrechte (vgl. oben Rdn. 259): Auf diese können sich auch juristische Personen des öffentlichen Rechts berufen. 262

348 *Benda/Klein* Rn. 443; *Zuck* Rn. 632 ff.
349 *Benda/Klein* Rn. 437 ff. und die Nachweise dort.
350 Vgl. *Gusy* Rn. 49 f.
351 *Gusy* Rn. 51 m.N.
352 *Benda/Klein* Rn. 442.
353 *Hesse* Rn. 287; *Zuck* Rn. 638.
354 Vgl. *Benda/Klein* Rn. 449; *Gusy* Rn. 58; BVerfGE 45, 63 (79).
355 BVerfGE 61, 82 (109). Vgl. auch *Benda/Klein* Rn. 451; *Gusy* Rn. 54 f., jew. m.N.; zur abweichenden Ansicht des BayVerfGH vgl. *Meder* Vorbem. vor Art. 98 BV Rn. 5.

263 Eine weitere (wichtige) Ausnahme bilden solche juristische Personen, die von ihrem Aufgabenbereich her einem Lebensbereich zugeordnet sind, der durch ein spezielles Grundrecht geschützt ist. Sie werden als Träger (*nur*) dieses speziellen Grundrechts anerkannt, wenn sie den Bürgern zur Verwirklichung dieses Grundrechts dienen und eine eigenständige, vom Staat distanzierte Einrichtung bilden; so z.B.[356]

- Universitäten (Art. 5 III GG); wohl auch die einzelne Fakultät;
- Rundfunkanstalten (Art. 5 I 2 GG);
- Religionsgemeinschaften (Art. 3 I, 4 II GG).

dd) Parteien[357]

264 Politische Parteien sind (in der Regel nichtrechtsfähige) Vereinigungen des privaten Rechts und als solche mögliche Grundrechtsträger. Sie können sich daher im Wege der Verfassungsbeschwerde z.B. auf Art. 3 I GG berufen.

265 Zu beachten ist, dass (auch) sie ihre Statusrechte nicht durch Verfassungsbeschwerde, sondern nur durch Organklage geltend machen können.[358] Dies ist bereits daraus ersichtlich, dass Art. 21 GG in Art. 93 I Nr. 4a GG, § 90 I BVerfGG nicht genannt ist.

ee) Prozessfähigkeit und Prozessführungsbefugnis

266 Von der Antragsberechtigung ist die Prozessfähigkeit zu unterscheiden, d.h. die Fähigkeit, Verfahrenshandlungen selbst (oder durch einen Bevollmächtigten) vorzunehmen. Das BVerfGG enthält hierzu keine Regelung; es kommt daher auf das jeweils geltend gemachte Recht und den Schutzzweck der Verfassungsbeschwerde im konkreten Zusammenhang an. Minderjährige sind im Verfassungsbeschwerdeverfahren (selbst, d.h. ohne sich durch Eltern vertreten lassen zu müssen) prozessfähig, wenn sie »grundrechtsmündig« sind; dabei kommt es wesentlich auf die Einsichtsfähigkeit an.[359]

267 Prozessunfähige werden durch ihre (gesetzlichen) Vertreter vertreten (Minderjährige in der Regel durch ihre Eltern, juristische Personen durch ihre Organe oder Vertreter).

268 Prozessführungsbefugt ist, wer (prozessual) berechtigt ist, den fraglichen Anspruch im eigenen Namen geltend zu machen, d.h.

- jeder, der eigene Rechte geltend macht (unproblematischer Normalfall!);
- wer zulässigerweise fremde Rechte in eigenem Namen geltend macht (»Prozessstandschaft«, vgl. oben Rdn. 59 – nicht zu verwechseln mit der Vertretung Prozessunfähiger!). Prozessstandschaft ist im Verfahren der Verfassungsbeschwerde grundsätzlich unzulässig; jeder Beschwerdeführer kann nur eigene Rechte geltend machen (vgl. aber oben Rdn. 253). Ein Verband kann daher nicht Rechte seiner Mitglieder geltend machen, selbst wenn dies in der Verbandssatzung festgelegt ist.
- Ausnahmen gelten für Testamentsvollstrecker, Nachlassverwalter, Konkursverwalter und (nach § 2039 BGB prozessführungsberechtigte) Miterben.[360]

269 Problematisch wird diese letzte Voraussetzung[361] regelmäßig erst bei der Prüfung der Beschwerdebefugnis (»*selbst* betroffen?«). Jedoch leitet sich auch die Antrags*berech-*

356 *Gusy* Rn. 56 m.N.; *Benda/Klein* Rn. 453 ff.; *Schlaich/Korioth* Rn. 208.
357 Hierzu *Benda/Klein* Rn. 457 m.N.
358 Vgl. oben Rdn. 53, 58, 255.
359 *Gusy* Rn. 60; a.A. *Benda/Klein* Rn. 460 ff.
360 *Zuck* Rn. 666 ff. m.N.

tigung (z.B.) des Testamentsvollstreckers als solchem nicht aus seiner eigenen Grundrechtsfähigkeit, sondern aus seiner Stellung als »Partei kraft Amtes« ab.

b) Beschwerdegegner

Einen Beschwerdegegner gibt es nicht.[362] Auch die Ausübung von Äußerungs- und Beitrittsrechten (§ 94 BVerfGG) vermittelt nicht die Stellung eines Beschwerdegegners (wenn auch der Beigetretene Beteiligter ist; oben Rdn. 47). 270

c) Beschwerdegegenstand

Mit der Verfassungsbeschwerde können grundsätzlich alle Akte der *deutschen* öffentlichen Gewalt angegriffen werden. Rechtsakte ausländischer Hoheitsträger unterliegen von vornherein nicht der Gerichtsbarkeit des BVerfG.[363] 271

Bedeutsam ist das Verhältnis der deutschen öffentlichen Gewalt zum EG- (bzw. EU-) Recht:[364] 272

(1) Maßnahmen zwischenstaatlicher Einrichtungen (Art. 24 I GG), also etwa des Rates oder der Kommission der EU, sind keine Akte der *deutschen* öffentlichen Gewalt, eine Verfassungsbeschwerde dagegen ist grundsätzlich[365] unzulässig. 273

(2) Problematischer wird es, wo deutsche Stellen EU-Recht ausführen. 274

(a) Soweit das EU-Recht den ausführenden deutschen Behörden einen eigenen Entscheidungsspielraum lässt, ist dieser in grundgesetzkonformer Weise auszufüllen. Insoweit unterliegen diese Maßnahmen deutscher öffentlicher Gewalt selbstverständlich der deutschen Gerichtsbarkeit und auch der Verfassungsbeschwerde. 275

(b) Liegt der (behauptete) Grundrechtsverstoß gerade darin, dass das angewendete EU-Recht dem GG widerspricht, so ist eine Verfassungsbeschwerde *gegen die Ausführungshandlung* zumindest denkbar; sie würde dann zur inzidenten Prüfung der fraglichen Norm am GG führen. Das BVerfG geht grundsätzlich davon aus, dass es die *Anwendbarkeit* sekundären EU-Rechts in Deutschland trotz der Vorabentscheidungskompetenz des EuGH gem. Art. 177 EWGV prüfen könne. Seit der sog. »Solange-II-Entscheidung«[366] ist jedoch davon auszugehen, dass das BVerfG von dieser grundsätzlich weiterbestehenden Kompetenz keinen Gebrauch mehr machen wird und entsprechende Verfassungsbeschwerden unzulässig sind. 276

(c) Eine Verfassungsbeschwerde *gegen eine Norm* des sekundären Gemeinschaftsrechts ist – weil kein Akt *deutscher* öffentlicher Gewalt – unzulässig. 277

Der Begriff der »öffentlichen Gewalt« findet sich auch in Art. 19 IV GG. Öffentliche Gewalt i.S.d. Art. 19 IV 1 GG[367] sind nur Maßnahmen der Exekutive und der Legislative (nach – in der Literatur bestrittener – Ansicht des BVerfG mit Ausnahme der 278

361 Wenn überhaupt (Ausnahme!).

362 Oben Rdn. 47; *Benda/Klein* Rn. 468 f.

363 Vgl. BVerfG NJW 1991, 1597 (1599); *Benda/Klein* Rn. 471 m.w.N.

364 Vgl. BVerfGE 22, 293 (295); *Gusy* Rn. 25 ff.; *Benda/Klein* Rn. 472; oben Rdn. 178 ff. Instruktiv BVerfG DÖV 1992, 1010 f.

365 Vgl. *Hillgruber/Goos* Rn. 161 ff. m.N. zur neueren Rechtsprechung des BVerfG hierzu.

366 BVerfGE 73, 339; vgl. oben Rdn. 180; *Gusy* Rn. 27.

367 Vgl. *Hesse* Rn. 336 ff.

Gesetzgebungsakte),[368] jedoch grundsätzlich nicht Maßnahmen der rechtsprechenden Gewalt.

279 Solche Einschränkungen gelten für den Begriff der öffentlichen Gewalt i.S.d. Art. 93 I Nr. 4a GG, § 90 I BVerfGG *nicht*: Öffentliche Gewalt im Sinne dieser Vorschriften ist grundsätzlich jedes hoheitliche Handeln, also Maßnahmen der Exekutive (einschl. Beliehener), der Legislative (einschl. Gesetzgebung), und auch Rechtsprechungsakte.

280 Entscheidungen des BVerfG selbst (einschl. Kammerentscheidungen) unterliegen nicht der Verfassungsbeschwerde; auch nicht die Entscheidungen des einen Senates zur Überprüfung durch den anderen, da jeder Senat »das BVerfG« ist.[369]

281 Hoheitliches Handeln in diesem Sinne sind auch (hoheitliche) Akte Beliehener und juristischer Personen des öffentlichen Rechts (wie Anstalten, Stiftungen; einschl. der Kirchen), soweit sie sich auf vom Staat verliehene Befugnisse gründen (z.B. Satzungserlass) und den staatlichen Bereich berühren (Steuerbescheid vom Kirchensteueramt).[370]

282 Gnadenakte[371] sind nicht »öffentliche Gewalt«; weder i.S.d. Art. 19 IV GG noch im Sinne der Verfassungsbeschwerde. Sie können daher gerichtlich weder überprüft noch erzwungen werden. Anderes gilt für den Widerruf einer Gnadenentscheidung.

283 Die Einschränkungen der Überprüfbarkeit von Akten der Berliner Hoheitsgewalt aus dem Vier-Mächte-Abkommen sind mit der Herstellung der deutschen Einheit entfallen.[372]

284 Als Beschwerdegegenstand kommen im Einzelnen in Betracht:[373]

aa) Normen (»Rechtssatz-Verfassungsbeschwerde«)[374]

285 (1) Verfassungsrecht. Die – jedenfalls theoretische – Möglichkeit verfassungswidrigen Verfassungsrechts lässt diese Möglichkeit offen;[375]

(2) Verfassungsändernde Gesetze (im Hinblick auf Art. 79 III GG und die Möglichkeit verfassungswidrigen Verfassungsrechts).[376]

(3) Förmliche Bundesgesetze

- grundsätzlich einschl. »nur-formeller« (z.B. Haushaltsgesetz) Gesetze; i.d.R. wird es aber hier an der Grundrechtsrelevanz und damit an der Beschwerdebefugnis fehlen;
- einschl. der Vertragsgesetze i.S.d. Art. 59 II GG (zum Begriff oben Rdn. 97);

368 Hierzu Maunz/Dürig/*Schmidt-Aßmann* Art. 19 IV GG Rn. 93 ff.

369 Vgl. oben Rdn. 16.

370 Rein innerkirchliche Maßnahmen sind zwar Akte öffentlicher, aber nicht staatlicher Gewalt; sie unterliegen daher nicht der staatlichen Gerichtsbarkeit. Die Abgrenzung erfolgt nach Art. 140 GG i.V.m. Art. 137 WRV; vgl. *Gusy* Rn. 21; *Zuck* Rn. 536 ff.

371 Kritisch *Benda/Klein* Rn. 521 m.N.

372 *Benda/Klein* Rn. 470.

373 Vgl. *Zuck* Rn. 541 ff.

374 Ausführlich *van den Hövel* Zulässigkeits- und Zulassungsprobleme der Verfassungsbeschwerde gegen Gesetze, 1990.

375 Oben Rdn. 117, Nachweise dort Fn. 166. A.A. *Hövel* S. 18. Vgl. auch die Diskussion um die Verfassungsmäßigkeit des Art. 16 II 2 GG a.F. (Nachw. bei *Zuck* Rn. 543; Maunz/Dürig/*Randelzhofer* Art. 16a GG Rn. 13).

376 *Benda/Klein* Rn. 493.

- einschl. Notstandsgesetzgebung (Art. 81 GG);[377]
- grundsätzlich einschl. Unterlassen des Gesetzgebers (soweit ein verfassungsrechtlicher Handlungsauftrag besteht); vgl. § 92 BVerfGG;[378]
- nicht: Gewohnheitsrecht (da keine hoheitliche Rechtssetzung), Entscheidungen des BVerfG mit Gesetzeskraft gem. § 31 II BVerfGG (oben Rdn. 280); »Richterrecht« als solches (kann ggf. inhaltlich i.R.d. Urteils-Verfassungsbeschwerde geprüft werden, aber nicht Gegenstand einer Rechtssatz – Verfassungsbeschwerde sein);

(4) Landesverfassungsrecht (im Hinblick auf Art. 31 GG);

(5) Förmliche Landesgesetze (im gleichen Umfang wie förmliche Bundesgesetze; siehe oben [3]);

(6) Rechtsverordnungen und Satzungen
- Bundes- wie Landesrecht;
- einschl. Unterlassen;

(7) Verwaltungsvorschriften, wenn und soweit sie ausnahmsweise Außenwirkung (gegenüber dem Bürger) haben;[379]

(8) Tarifverträge sind keine Akte staatlicher Gewalt (Tarifautonomie); sie können daher nicht Gegenstand einer Verfassungsbeschwerde sein.[380] Anders jedoch der hoheitliche Akt der Allgemeinverbindlicherklärung (§ 5 TVG);

Normen können grundsätzlich nur dann Gegenstand einer Verfassungsbeschwerde sein, wenn sie »mit dem formellen Anspruch auf Geltung« auftreten; d.h.[381] **286**

- sie müssen in Kraft getreten sein[382]
  (Ausnahme: Vertragsgesetze[383] i.S.d. Art. 59 II GG; hier genügt es, wenn das Gesetzgebungsverfahren bis auf Ausfertigung und Verkündung abgeschlossen ist. Zur Begründung vgl. oben Rdn. 97);
- sie müssen – jedenfalls grundsätzlich – noch in Kraft sein. Bereits außer Kraft getretenes Recht kann aber dann noch angegriffen werden, wenn es noch Rechtswirkungen (z.B. in schwebenden Verfahren) äußern kann (vgl. oben Rdn. 98, 138) oder *ausnahmsweise*, wenn – trotz Aufhebung – eine in der Vergangenheit liegende Grundrechtsverletzung noch nicht beseitigt ist.[384]

Die Unterscheidung zwischen vor- und nachkonstitutionellem Recht (oben Rdn. 172 ff.) spielt für die Verfassungsbeschwerde keine Rolle. **287**

377 *Gusy* Rn. 30; *Zuck* Rn. 546 jew. m.N.
378 *Benda/Klein* Rn. 494 ff.; *Gusy* Rn. 32; *van den Hövel* S. 20.
379 Dazu *Gusy* Rn. 31; *van den Hövel* S. 18.
380 Str.; im Ergebnis wie hier *Benda/Klein* Rn. 504; Maunz/Schmidt-Bleibtreu/Klein/Bethge/*Bethge* § 90 Rn. 217.
381 *Benda/Klein* Rn. 487 ff.; *Zuck* Rn. 552.
382 Strenggenommen müsste auch hier auf die Verkündung als Beginn der »Existenz« (vgl. oben Rdn. 96, 138, 176) einer Norm abgestellt werden; da jedoch ein »gegenwärtiges Betroffensein« regelmäßig erst ab Inkrafttreten in Betracht kommt, sollte diese Vereinfachung zulässig sein.
383 *Benda/Klein* Rn. 489.
384 BVerfGE 2, 237 (242); 3, 162 (170).

bb) Verwaltungshandeln

288 Die Verfassungsbeschwerde gegen Verwaltungshandeln allein hat wegen der Rechtsweggarantie (Art. 19 IV GG) einerseits und des Gebots der Rechtswegerschöpfung (§ 90 II 1 BVerfGG) andererseits kaum praktische Bedeutung.[385] Sie bleibt jedoch theoretisch und (etwa i.R.d. § 90 II 2 BVerfGG) auch praktisch möglich.

289 Eine Verfassungsbeschwerde gegen Verwaltungshandeln *nach* Erschöpfung des Rechtswegs gibt es eigentlich nicht; jedenfalls prozessual betrachtet handelt es sich in diesem Fall um eine Verfassungsbeschwerde gegen eine (die letztinstanzliche) Gerichtsentscheidung, auch wenn der Verwaltungsakt *daneben* mit in den Beschwerdegegenstand einbezogen werden kann.[386]

290 Verwaltungshandeln ist *nicht* mit der Verfassungsbeschwerde anfechtbar, soweit es an *zwingendes* Recht gebunden ist, das *seinerseits nicht der Verfassungsbeschwerde unterliegt* (Besatzungsrecht, sekundäres Gemeinschaftsrecht; vgl. oben Rdn. 271 ff.).

291 Ansonsten ist (mit Verfassungsbeschwerde) angreifbares Verwaltungshandeln jede hoheitliche Maßnahme mit Außenwirkung, also *nicht*: verwaltungsinterne Maßnahmen (z.B. Verwaltungsvorschriften, jedenfalls in aller Regel; vgl. oben Rdn. 285), Meinungsäußerungen und Hinweise ohne Rechtsrelevanz (vgl. oben Rdn. 56!).

292 In Betracht kommen Maßnahmen des Bundes (auch von Staatsorganen oder Regierungsmitgliedern), der Länder, kommunaler Gebietskörperschaften (Bezirke, Landkreise, Gemeinden), sonstiger Körperschaften des öffentlichen Rechts (z.B. Stiftungen, Anstalten), der Kirchen (oben Rdn. 281) und Beliehener sowie von Post und Bahn;[387] auch ein Unterlassen, soweit eine *verfassungsrechtliche* Pflicht zum Handeln besteht.[388]

293 Problematisch ist die Angreifbarkeit von fiskalischem Verwaltungshandeln (also im Gleichordnungsverhältnis). Eine Grundrechtsbeeinträchtigung setzt aber weder einen Verwaltungsakt noch ein Über-/Unterordnungsverhältnis notwendig voraus;[389] nach dem Sinn und Zweck des Verfassungsbeschwerdeverfahrens wird man daher im Ergebnis sagen müssen: Die Verfassungsbeschwerde ist gegen fiskalisches Handeln möglich, soweit die Grundrechtsbindung in diesem Bereich reicht[390] und eine Verletzung eines Grundrechts möglich erscheint; das Schwergewicht wird hier bei den Gleichheitsrechten liegen. Daraus ergibt sich, dass die eigentlich problematische Zulässigkeitsvoraussetzung hier nicht der Beschwerde*gegenstand* ist, sondern die Beschwerde*befugnis* (mögliche Grundrechtsverletzung; dazu unten Rdn. 299 ff.); auch fiskalisches Handeln ist jedenfalls ein »Akt« der öffentlichen Gewalt – ob dadurch Grundrechte berührt werden (können), wird erst dort problematisch.

cc) Akte richterlicher Gewalt

294 Der Verfassungsbeschwerde unterliegen auch die Entscheidungen der Bundes- und Landesgerichte *aller* Gerichtsbarkeiten (mit Ausnahme des BVerfG, oben Rdn. 280)

385 *Benda/Klein* Rn. 515; *Gusy* Rn. 33.
386 Dazu unten Rdn. 298.
387 Soweit diese nach ihrer Privatisierung noch hoheitlich tätig werden.
388 Vgl. Maunz/Schmidt-Bleibtreu/Klein/Bethge/*Bethge* § 90 Rn. 207.
389 *Gusy* Rn. 34; *Benda/Klein* Rn. 518.
390 Dazu *Hesse* Rn. 346 ff.

sowie der berufsständischen Gerichte öffentlich-rechtlicher Körperschaften (z.B. Ehrengericht der Rechtsanwaltskammer; vgl. oben Rdn. 169).

»Entscheidung« in diesem Sinne ist jedenfalls ein Endurteil und ein instanzabschließender Beschluss. Im Einzelnen unterschiedlich beurteilt das BVerfG die Angreifbarkeit von Vorentscheidungen[391]; als Abgrenzungskriterien werden herangezogen: 295

- *nicht* unmittelbar mit der Verfassungsbeschwerde angreifbar sind *unselbständige* Zwischenentscheidungen; d.h. solche, deren Mängel bei der Endentscheidung korrigiert werden (können); in diesem Fall besteht kein schutzwürdiges Interesse an der Verfassungsbeschwerde gegen bereits diese Entscheidung; 296
- *angreifbar* sind Zwischenentscheidungen, die über einen Teil des Streitstoffes endgültig entscheiden, oder die einen selbständigen, (auch nach – unterstellt – »richtiger«, also GG-konformer Endentscheidung) bleibenden Rechtsnachteil zur Folge haben.

Bedeutsam (und u.U. prüfungsrelevant) ist diese Frage bezüglich Verfassungsbeschwerden gegen letztinstanzliche Entscheidungen im vorläufigen Rechtsschutz (v.a. §§ 80 V, 123 VwGO). Gegen diese Entscheidungen ist die Verfassungsbeschwerde zulässig,[392] wenn sie einen über die Hauptsache hinausgehenden Nachteil enthalten. 297

Z.B.:

- Antrag auf einstweilige Anordnung (§ 123 VwGO) wird abgelehnt;
- Unterstellung: Antragsteller obsiegt in der Hauptsache in vollem Umfang;
- Frage dann: Nachteil (Beschwer) *durch Ablehnung des Antrags auf einstweilige Anordnung*, der durch Hauptsacheentscheidung nicht ausgeräumt würde?

Ergibt sich hier kein selbständiger Nachteil, so kann der Beschwerdeführer auf die Hauptsache verwiesen werden (d.h. die Verfassungsbeschwerde gegen die Entscheidung im vorläufigen Verfahren ist unzulässig); verliert er auch hier, so kann er *nur* die Hauptsacheentscheidung mit der Verfassungsbeschwerde angreifen.[393]

Prüfungsgegenstand einer Verfassungsbeschwerde gegen einen Rechtsprechungsakt ist (wegen des Gebots der Rechtswegerschöpfung, § 90 II 1 BVerfGG; dazu unten Rdn. 321 ff.) grundsätzlich die Entscheidung der letzten Instanz; der Beschwerdeführer kann aber wählen, ob er daneben untere Instanzen (soweit er sie verloren hat – ansonsten fehlt es am Rechtsschutzbedürfnis) und/oder den etwa zugrundeliegenden Verwaltungsakt mit einbezieht.[394] Trifft er diese Wahl nicht ausdrücklich, so geht das BVerfG i.d.R. von einem »doppelten Streitgegenstand« – letztinstanzliche Gerichtsentscheidung *und* ursprünglicher Verwaltungsakt – aus[395] (Faustregel: »Gegenstand einer Verfassungsbeschwerde ist der ursprüngliche Verwaltungsakt und die ihn bestätigende[n] Gerichtsentscheidung[en]«). Für die weiteren Zulässigkeitsvoraussetzun- 298

391 Übersichten bei *Gusy* Rn. 41; *Zuck* Rn. 558. Vgl. auch *Benda/Klein* Rn. 509 f.
392 Vgl. *Roeser/Hänlein* NVwZ 1995, 1082 ff.
393 Hierzu *Zuck* Rn. 560 f. m.N.
394 *Pestalozza* S. 174 m.N.
395 Maunz/Schmidt-Bleibtreu/Klein/Bethge/*Bethge* § 90 Rn. 184 m.N.; *Benda/Klein* Rn. 515 ff. Für die letzte (gerichtliche) Sachentscheidung als *ausschließlichen* Verfahrensgegenstand überzeugend Umbach/Clemens/*Stark* § 95 Rn. 50.

gen, insbesondere die Bestimmung der Frist, ist aber dennoch ausschließlich auf die letztinstanzliche Gerichtsentscheidung als Verfahrensgegenstand abzustellen.[396]

d) Beschwerdebefugnis

299 Aus dem Antrag[397] des Beschwerdeführers muss sich ergeben, dass er – zumindest möglicherweise – *durch den Beschwerdegegenstand* selbst, gegenwärtig und unmittelbar in einem (der in Art. 93 I Nr. 4a GG, § 90 I BVerfGG genannten) Grundrechte oder grundrechtsähnlichen Rechte betroffen ist.

aa) Selbst betroffen[398]

300 Der Beschwerdeführer ist problemlos selbst betroffen

- von Normen, wenn er zu den Normadressaten gehört, die Norm also auf ihn anwendbar ist;
- von Verwaltungshandeln, wenn die Maßnahme unmittelbar gegen ihn gerichtet ist (etwa: Adressat eines Verwaltungsaktes);
- von Gerichtsentscheidungen, wenn er Partei des Rechtsstreites war.

301 Es genügt aber auch jedes sonstige, auch faktische Betroffensein in eigenen (in Art. 93 I Nr. 4a GG, § 90 I BVerfGG genannten) Rechten (»Drittbetroffener« bei Maßnahmen mit Doppelwirkung); d.h.:

302 Der Beschwerdeführer muss (nach seinem eigenen Vortrag[399]) *möglicherweise selbst* in einem *eigenen* (in Art. 93 I Nr. 4a GG, § 90 I BVerfGG genannten) Recht verletzt sein[400] (denn er kann i.d.R. nur eigene Rechte geltend machen – zu Ausnahmen unten Rdn. 312).

Dies ähnelt der »Möglichkeitstheorie« zur Klagebefugnis im Verwaltungsprozessrecht;[401] die Anforderungen sind aber nicht unbedingt identisch. Im Verfassungsprozessrecht genügt es jedenfalls, wenn die Verletzung eigener Rechte des Beschwerdeführers nicht von vornherein ausgeschlossen ist.

303 Die Beschwerdebefugnis kann sich nur ergeben aus einer Verletzung der in Art. 93 I Nr. 4a GG, § 90 I BVerfGG genannten Rechte.

304 Eine besondere Rolle spielt hier die allgemeine Handlungsfreiheit. Seit der Elfes-Entscheidung[402] ist anerkannt, dass bei Verfassungsbeschwerden gegen *belastende Rechtsnormen* (unmittelbar – Rechtssatzverfassungsbeschwerde – oder mittelbar – Urteilsverfassungsbeschwerde mit der *Begründung*, das Urteil beruhe auf einem ver-

396 Auch in der Begründetheitsprüfung wird es – jedenfalls in Klausuren – kaum einmal nötig sein, die Entscheidungen verschiedener Instanzen getrennt zu untersuchen. Es handelt sich eben *nicht um zwei verschiedene* Beschwerdegegenstände, sondern um einen (»doppelten«).

397 Vgl. hierzu schon oben Rdn. 61, 141!

398 *Gusy* Rn. 102 ff.; *Benda/Klein* Rn. 550 ff.

399 Das bedeutet für die Klausur regelmäßig: nach dem Sachverhalt – es sei denn, das Vorbringen des Beschwerdeführers ist insoweit ausführlich genug (also wohl: vollständig) abgedruckt!

400 Hier kommt es also darauf an, ob er – zumindest möglicherweise – Träger gerade des möglicherweise verletzten Rechtes ist; vgl. oben Fn. 337!

401 Hierzu *Kopp/Schenke* § 42 VwGO Rn. 66, 175 ff. und oben Rdn. 61; zum Verfassungsprozessrecht ausführlich *Hövel* S. 55 ff.

402 BVerfGE 6, 32 ff.; Leitsatz oben Rdn. 143; *Schlaich/Korioth* Rn. 220 f.

fassungswidrigen Gesetz) letztlich auch sonstige[403] (objektive)[404] *Verfassungs*verstöße geltend gemacht werden können, da in jedem Verstoß einer belastenden Norm gegen das GG zugleich eine Verletzung des Art. 2 I GG liegt. In Betracht kommen hier vor allem:

- Verletzungen des Rechtsstaatsgebots, Art. 20 III GG;
- Kompetenzverstöße und Verfahrensfehler, Art. 70 ff. GG;
- Verstöße gegen Art. 80 I GG;[405] d.h. bei Rechtsverordnungen u.a. auch die Frage, ob sie sich im Rahmen der Verordnungsermächtigung halten.

Grundlage der Verfassungsbeschwerde – gerügte Norm, aus der sich die Beschwerdebefugnis ergibt – bleibt dabei aber stets Art. 2 I GG.

Auf Verfassungsbeschwerden gegen (Exekutivakte und) Gerichtsentscheidungen ist **305**
diese Rechtsprechung aber nur bedingt übertragbar.[406]

Grundsätzlich könnte man in jedem objektiv unrichtigen Urteil eine Verletzung (zu- **306**
mindest) der allgemeinen Handlungsfreiheit[407] (als »Auffanggrundrecht«) des im Prozess Unterlegenen (Belasteten) sehen. Urteile müssten demnach auf eine Verfassungsbeschwerde vom BVerfG in vollem Umfang auf ihre Richtigkeit geprüft werden.

Die Auslegung und Anwendung einfachen Gesetzesrechts ist aber (jedenfalls zu- **307**
nächst) Sache der Fachgerichte;[408] das BVerfG ist keine »Superrevisionsinstanz« und die Verfassungsbeschwerde dient nicht der *umfassenden* Überprüfung von Gerichtsentscheidungen.[409] Das BVerfG beschränkt sich daher im Rahmen der Begründetheit auf die Prüfung, ob »spezifisches Verfassungsrecht« verletzt ist. Entsprechend muss für die Beschwerdebefugnis eine Verletzung »spezifischen Verfassungsrechts« möglich erscheinen.[410]

»Spezifisches Verfassungsrecht« ist verletzt, wenn das (Fach-) Gericht ein einschlägi- **308**
ges Grundrecht nicht gesehen oder zwar gesehen, aber seine Tragweite (Schutzbereich) oder Bedeutung grundsätzlich verkannt hat *und* die Entscheidung darauf beruht.[411] Das BVerfG prüft dabei die Anwendung und Auslegung einfachen Rechts umso eingehender nach, je schwerwiegender die fragliche Grundrechtsverletzung ist; eine exakte Grenzziehung ist kaum möglich. Für die Zulässigkeit sollten die Anforderungen nicht überspannt werden. Meist genügt es festzustellen (und kurz zu begründen), gegen *welches* Grundrecht das Urteil möglicherweise verstößt.

---

403 Also gegen Verfassungsnormen, die *nicht* in Art. 93 I Nr. 4a GG und § 90 I BVerfGG aufgezählt sind.

404 Eine (mögliche) Verletzung von Rechten *anderer* kann auch über Art. 2 I GG keine Beschwerdebefugnis vermitteln! Vgl. *Hövel* S. 52 unter Hinweis auf BVerfGE 73, 40 (68).

405 Vgl. oben Rdn. 121.

406 Oben Rdn. 11 f.

407 *Hesse* Rn. 425 ff.

408 Dazu oben Rdn. 10 ff.; *Schlaich/Korioth* Rn. 222 ff., 287 ff.

409 Oben Rdn. 247!

410 Die Einordnung dieses Problems bei »selbst betroffen« mag etwas befremden: Zumindest die Prozessparteien sind von *jedem* Urteil *selbst* betroffen – jedoch nicht notwendig in ihren in § 90 I BVerfGG genannten Rechten. Letzteres ist nur dann der Fall, wenn das Urteil (möglicherweise) spezifisches Verfassungsrecht verletzt. Diese Fragen lassen sich nicht sauber trennen.

411 Vgl. *Schlaich/Korioth* Rn. 293 ff. m.N.

309 Bei der Urteilsverfassungsbeschwerde sind daneben noch folgende Besonderheiten zu beachten:

310 • Etwas außerhalb dieser Systematik steht die Rechtsprechung zu den Verfahrensgrundrechten (Art. 19 IV, 101 I 2, 103 I, 104 GG), v.a. Art. 103 I GG (Rechtliches Gehör). Bei der Prüfung insbesondere von Entscheidungen, die ein Rechtsmittel, eine Klage, einen Beweisantrag als unzulässig verwerfen, hat das Bundesverfassungsgericht lange Zeit die Anwendung des jeweiligen Prozessrechts sehr eingehend nachgeprüft, denn eine objektiv falsche Verwerfung als unzulässig verletze immer den Grundsatz des rechtlichen Gehörs und damit spezifisches Verfassungsrecht.[412] Ganz ähnlich war das Vorgehen bei der Prüfung der Präklusionsvorschriften der ZPO (vgl. § 296 ZPO), die wegen ihres Ausnahmecharakters und der einschneidenden, direkt grundrechtsrelevanten (Art. 103 GG) Folgen einer strengen verfassungsgerichtlichen Kontrolle unterlägen.[413]

Inzwischen wird auch im Bereich des Prozessrechts nicht mehr aus *jedem* Verstoß gegen einfaches Recht ein Verfassungsverstoß gefolgert, sondern jeweils der spezifisch verfassungsrechtliche Gehalt der verletzten Regelung ermittelt.[414] Dennoch kann wohl noch immer von einer höheren Prüfungsdichte in diesem Bereich ausgegangen werden, so dass die Beschwerdebefugnis in diesem Bereich weniger Probleme verursacht.

311 • Das *Willkürverbot* aus Art. 3 I GG ist (auch) verletzt, wenn einfaches Recht grob falsch angewendet wird, wenn also die Auslegung »nicht nachvollziehbar«, »objektiv unhaltbar« ist.[415] Dies ist ein Indiz für die willkürliche Heranziehung sachfremder Erwägungen. Auch daraus kann sich eine Beschwerdebefugnis ergeben.[416]

312 Ausnahmen von der Voraussetzung der Selbstbetroffenheit gelten dort, wo der eigentliche Rechtsinhaber von der Verfügungsbefugnis und damit auch von der Prozessführungsbefugnis ausgeschlossen ist; um diese Rechte nicht dem grundrechtlichen Schutz zu entziehen, muss in diesen Fällen der gesetzliche Prozessstandschafter auch zur Erhebung der Verfassungsbeschwerde berechtigt sein, obwohl er nicht »selbst« betroffen ist. Dies ist anerkannt für den Testamentsvollstrecker, den Nachlassverwalter, den Konkursverwalter und auch den prozessführungsberechtigten Miterben nach § 2039 BGB.[417]

bb) Gegenwärtig betroffen

313 Der Beschwerdeführer muss durch den »Akt der öffentlichen Gewalt«, *der den Beschwerdegegenstand bildet*, »schon und noch« betroffen sein.[418]

314 »Schon betroffen« heißt: Die Beeinträchtigung muss bereits eingetreten sein. Dies kann v.a. bei der Rechtssatz-Verfassungsbeschwerde problematisch sein.

412 *Schlaich/Korioth* Rn. 321 ff. mit zahlreichen Nachweisen.
413 *Schlaich/Korioth* Rn. 308 m.N. zur Rspr.
414 *Schlaich/Korioth* Rn. 324; BVerfGE 74, 228 (233); 75, 302 (309 ff.); 81, 97 (105).
415 Vgl. oben Rdn. 13, unten Rdn. 366 jew. m.N.; *Gusy* Rn. 94.
416 Für die Klausur muss jedoch davor gewarnt werden, diese kaum konkretisierbare Möglichkeit vorschnell heranzuziehen, soweit nicht der Sachverhalt dies durch Hinweise nahelegt.
417 Vgl. oben Rdn. 268 f.; *Gusy* Rn. 107 ff. m.N.
418 *Benda/Klein* Rn. 558 ff.; *Gusy* Rn. 112 ff.; *Schlaich/Korioth* Rn. 234 ff.

Beispiel: Verfassungsbeschwerde gegen ein Gesetz, das die elterliche Mitwirkung bezügl. volljähriger Schüler regelt:
- nicht zulässig, wenn der Beschwerdeführer (noch) keine Kinder hat;
- im Grundsatz ebenfalls nicht zulässig, solange Kinder des Beschwerdeführers nicht volljährig sind.[419]

»Schon betroffen« kann ausnahmsweise bejaht werden, obwohl der Beschwerdeführer dem Anwendungsbereich der Norm (noch) nicht aktuell unterfällt, wenn[420] 315

- die gerügte (mögliche) Verletzung unmittelbar bevorsteht und nach Lage der Dinge mit Sicherheit zu erwarten ist (im Beispiel: ein Kind des Beschwerdeführers ist 17½ und wird die Schule auch nach Erreichen der Volljährigkeit noch besuchen).
- die Norm den Beschwerdeführer bereits jetzt zu Dispositionen veranlasst, die er später nicht mehr korrigieren kann (etwa bei rentenrechtlichen Regelungen).

»Noch betroffen« kann der Beschwerdeführer auch von aufgehobenen Normen oder erledigten (Verwaltungs-) Akten sein, wenn er (»noch«) ein schutzwürdiges Interesse an der Feststellung der Verfassungswidrigkeit hat.[421] Dieses liegt vor, wenn:[422] 316

- Wiederholungsgefahr besteht,
- die Maßnahme (rechtliche oder faktische) belastende Nachwirkungen hat,
- andernfalls ein (verfassungsgerichtlicher) Grundrechtsschutz überhaupt nicht möglich wäre,
- die Grundrechtsverletzung besonderes Gewicht hat(te),[423]
- die Klärung einer grundsätzlichen verfassungsrechtlichen Frage dies erfordert.

cc) Unmittelbar betroffen[424]

Auch dieses Kriterium wird fast ausschließlich bei der Verfassungsbeschwerde gegen Normen problematisch: Durch eine Norm ist der Beschwerdeführer nur dann unmittelbar betroffen, wenn sie keines Vollzugsaktes bedarf. Bedarf sie eines Vollzugsaktes, so ist dieser abzuwarten und zunächst der Rechtsweg *dagegen* zu beschreiten; die Verfassungsbeschwerde gegen die Norm selbst ist dann unzulässig. 317

Die Rechtsprechung des BVerfG dazu ist nicht einheitlich. Zweck dieses Zulässigkeitsmerkmals ist in erster Linie die Entlastung des Gerichts: Grundsätzlich soll der Bürger abwarten, bis (und: ob) eine Norm durch die Exekutive oder durch eine Gerichtsentscheidung auf ihn angewendet wird und dann – zunächst – den Vollzugsakt 318

419 BVerfGE 59, 360 (375); der Beschwerdeführer ist zwar »virtuell«, aber (noch) nicht »aktuell« betroffen (wird also möglicherweise dem Anwendungsbereich der Norm künftig unterfallen, dies ist jedoch noch nicht der Fall).

420 *Benda/Klein* Rn. 561 m.N.

421 *Pestalozza* S. 185 m.N.

422 Nachweise bei *Gusy* Rn. 117.

423 Diese Alternative ist so wenig konkret, dass sie bei Klausuren nur mit Vorsicht herangezogen werden sollte.

424 *Benda/Klein* Rn. 563 ff.; *Gusy* Rn. 119 ff.; *Zuck* Rn. 696 ff. Dieses Problem wird auch unter den Überschriften »Subsidiarität der Verfassungsbeschwerde« oder »Rechtswegerschöpfung« behandelt (vgl. *Hövel* S. 97 ff.). Letztlich ist die Verfassungsbeschwerde dann unzulässig, wenn »die Beseitigung der Grundrechtsverletzung ohne Inanspruchnahme des Bundesverfassungsgerichts auf andere Weise möglich ist« (*E. Klein* AöR 108 [1983], 410, 561 [594] m.N.). Eine trennscharfe Abgrenzung der genannten Zulässigkeitskriterien ist insoweit kaum möglich. Vgl. auch *Kreuder* NJW 2001, 1243 ff.

vor dem zuständigen Fachgericht angreifen; jedenfalls, soweit dies dem Bürger zumutbar ist.

319 An der Unmittelbarkeit fehlt es somit bei

- Verordnungsermächtigungen,
- Normen, die den Erlass eines Verwaltungsaktes ermöglichen, aber nicht zwingend vorschreiben.

Bei Normen, die ohne Vollzugsakt geeignet sind, die Rechtsstellung des Beschwerdeführers zu beeinträchtigen, ist regelmäßig von unmittelbarer Betroffenheit auszugehen. Dass das BVerfG auf die Zumutbarkeit abstellt, zeigt jedoch, dass sogar solche Normen, die Ge- und Verbote aufstellen, nicht unbedingt »unmittelbar betreffen« – ggf. muss auch hier abgewartet werden, bis die Norm (bzw. das darin enthaltene Verbot) – z.B. mittels Verwaltungsakt – »aktualisiert«, das heißt auf den (konkreten) Beschwerdeführer angewendet wird.

320 Bei Straf- und Ordnungswidrigkeitstatbeständen[425] ist es – wiederum *in der Regel* – dem Beschwerdeführer nicht zuzumuten, zunächst gegen die Norm zu verstoßen, eine Verurteilung abzuwarten und erst *dagegen* den Rechtsweg zu beschreiten. Solche Normen können daher selbst Gegenstand einer Verfassungsbeschwerde sein, obwohl ein Vollzugsakt denkbar ist (Bußgeldbescheid, Strafurteil). Ob man dies damit begründet, Straf- und Ordnungswidrigkeitsnormen beträfen den Beschwerdeführer »unmittelbar«[426] (weil sie selbst, ohne Zwischenschaltung eines Vollzugsaktes, die Verhaltensregel aufstellen) oder damit, sie beträfen ihn nicht unmittelbar (sondern würden erst durch Bußgeldbescheid/Strafurteil auf den Bürger angewendet, erst dadurch sei er unmittelbar betroffen), auf dieses Zulässigkeitsmerkmal werde aber in solchen Fällen wegen Unzumutbarkeit verzichtet,[427] ist letztlich unerheblich.

e) Rechtswegerschöpfung

aa) Grundsatz: § 90 II 1 BVerfGG

321 Den Grundsatz normieren § 90 II 1 BVerfGG und Art. 94 II GG: Eine Verfassungsbeschwerde ist erst nach Erschöpfung des Rechtsweges zulässig; d.h.

- gegen Verwaltungsakte nach Widerspruch und Klage bis zur letzten möglichen Instanz,
- gegen Urteile nach Ausschöpfung aller möglichen Rechtsmittel,
- gegen Gesetze ist kein Rechtsweg eröffnet – es braucht also auch keiner erschöpft zu werden (aber: wenn das Gesetz den Beschwerdeführer nicht unmittelbar betrifft, kann die Verfassungsbeschwerde nur gegen einen Vollzugsakt gerichtet werden; dagegen ist der Rechtsweg zu beschreiten und zu erschöpfen!),
- gegen untergesetzliche Normen nach Normenkontrollantrag gem. § 47 VwGO,[428] soweit dieser statthaft ist.

Diese Regelung dient der Entlastung des BVerfG, der Sicherung der Subsidiarität der Verfassungsbeschwerde (bzw. des Vorrangs der sachnäheren Fachgerichtsbarkeiten) und dazu, dem BVerfG die Rechts- und Fallanschauung der Fachgerichte zu vermitteln.

425 Häufig klausurrelevante Fallgestaltung!
426 So *Gusy* Rn. 123. Vgl. *Schlaich/Korioth* Rn. 239.
427 So wohl *Pestalozza* S. 181; BVerfGE 81, 70 (82).
428 *Kopp/Schenke* § 47 VwGO Rn. 98; *Schlaich/Korioth* Rn. 246.

Die nach der jeweiligen Prozessordnung zulässigen Rechtsmittel und -behelfe müssen vor Erhebung der Verfassungsbeschwerde ausgeschöpft werden. Verfristete Rechtsmittel/-behelfe[429] können nicht »durch Verfassungsbeschwerde nachgeholt« werden[430] – in diesem Fall ist der Rechtsweg nicht erschöpft (und kann auch nicht mehr erschöpft werden). Auch eine Beendigung des fachgerichtlichen Verfahrens durch Rücknahme, Verzicht, Vergleich, rechtskräftiges Versäumnisurteil oder Anerkenntnis durch den Beschwerdeführer begründet keine Rechtswegerschöpfung. Als »Merksatz« gilt: *Der Beschwerdeführer muss vor Erhebung der Verfassungsbeschwerde alles Zumutbare getan haben,*[431] um die Grundrechtsverletzung auf andere Weise zu beseitigen (vgl. oben Fn. 424!). Dazu gehört auch, im fachgerichtlichen Verfahren alle sachgerechten Rügen vorzubringen 322

(z.B.: Strafprozess, Revisionsantrag enthält nur Verfahrensrügen, aber keine Sachrüge; in diesem Fall prüft das Revisionsgericht kein materielles Recht (vgl. §§ 344 II, 352 I StPO). Bzgl. der (richtigen) Anwendung materiellen Rechts ist damit keine Rechtswegerschöpfung eingetreten, die grundgesetzwidrige Anwendung materiellen Rechts kann daher nicht mit der Verfassungsbeschwerde gerügt werden, obwohl – formal betrachtet – ein Revisionsurteil (also eine letztinstanzliche Entscheidung) vorliegt.)

oder den *Grundrechtsverstoß* bereits im Rechtsmittelverfahren (ordnungsgemäß) vorzubringen.[432]

Zur Erschöpfung des Rechtsweges gehört auch die Einlegung von Rechtsbehelfen, deren Zulässigkeit zweifelhaft ist.[433] 323

Rechtsmittel (-behelfe), die nach gefestigter Rechtsprechung der zuständigen Gerichte (völlig) aussichtslos sind, sind dagegen nicht zumutbar und daher zur Rechtswegerschöpfung nicht erforderlich.[434] 324

»Rechtsweg« i.S.d. § 90 II 1 BVerfGG sind auch Rechtsbehelfe ohne Devolutiveffekt (wie: Einspruch gegen Strafbefehl; §§ 409 ff. StPO) sowie die Nichtzulassungsbeschwerde nach § 133 VwGO,[435] der Widerspruch nach §§ 68 ff. VwGO und die Nichtigkeitsklage gem. §§ 578 ff. ZPO.[436] Ggf. ist auch ein Antrag auf Wiedereinsetzung in den vorigen Stand erforderlich.[437] 325

Nach der Rechtsprechung des BVerfG kann auch eine sog. »Gegenvorstellung«[438] zum Rechtsweg gehören,[439] wenn sie nach den Umständen des Falles (insbes. der Praxis des betr. Gerichts) Aussicht auf Erfolg hat. 326

429 Aufzählung bei *Gusy* Rn. 142.
430 *Benda/Klein* Rn. 601; Umbach/Clemens/*Ruppert/Sperlich* § 90 Rn. 120.
431 *Schlaich/Korioth* Rn. 246 m.N.
432 *Gusy* Rn. 144.
433 BVerfGE 70, 180 (185 f.).
434 *Schlaich/Korioth* Rn. 246. Für die Klausur eignet sich diese Argumentation i.d.R. nur dann, wenn die Aussichtslosigkeit im Sachverhalt zweifelsfrei vorgegeben ist.
435 Vgl. *Gusy* Rn. 142.
436 BVerfG NJW 1992, 1030 f. Die Nichtigkeitsklage gem. § 579 I Nr. 4 ZPO ist jedoch nur dann erforderlich, wenn ihr Erfolg nicht von weiteren Voraussetzungen abhängt als der der Verfassungsbeschwerde (BVerfG NJW 1993, 51).
437 BVerfGE 77, 275 (282).
438 Dazu *Thomas/Putzo* Vorbem. vor § 567 ZPO Rn. 13–17. Die Gegenvorstellung ist in aller Regel nicht Gegenstand der Universitätsausbildung, also auch nicht der Prüfungen.

327 Nicht zum »Rechtsweg« gehören[440]

- Grundrechtsklagen zu den Landesverfassungsgerichten (denn diese legen einen anderen Maßstab an – ihre Landesverfassung; vgl. § 90 III BVerfGG),
- Dienstaufsichtsbeschwerden, Petitionen,
- im Grundsatz:[441] Wiederaufnahmeanträge.

328 Der Beschwerdeführer *selbst* muss den Rechtsweg erschöpft haben. Eine Rechtswegerschöpfung durch andere wird ihm nur ganz ausnahmsweise »zugerechnet«, wenn bei gleichen Sachverhalten (etwa: Massenverfahren) in seinem Fall keine abweichende Entscheidung zu erwarten ist.[442] Besser als mit der eigenartigen Figur der »Zurechnung einer fremden Rechtswegerschöpfung« könnte dieses Problem gelöst werden, wenn man in diesem Fall die eigene Rechtswegerschöpfung als unzumutbar (weil aussichtslos) und damit entbehrlich ansähe.[443]

329 Gegenstand der Verfassungsbeschwerde nach Erschöpfung des Rechtswegs ist *immer* (zumindest auch) die letztinstanzliche Gerichtsentscheidung.[444] Die Formulierung des § 90 II 1 BVerfGG, die scheinbar von einer Verfassungsbeschwerde gegen die *ursprüngliche* Verletzungshandlung (eben nach Erschöpfung des Rechtsweges dagegen) ausgeht, führt hier leicht zu Missverständnissen.

330 Überschneidungen mit dem Problem der Beschwerdefrist (§ 93 BVerfGG, dazu unten Rdn. 342 ff.) ergeben sich, wenn der Beschwerdeführer bei der Verfolgung des Rechtswegs Fehler macht.[445] Folgende Fälle sind zu unterscheiden:

331 (1) Der Beschwerdeführer legt ein unzulässiges Rechtsmittel ein, obwohl *keines* mehr möglich[446] (der Rechtsweg also bereits erschöpft) war:

- Trifft ihn hieran ein Verschulden (strenger Maßstab; vgl. oben Rdn. 323! Auch Handeln entsprechend der »h.M.« schließt Verschulden nicht unbedingt aus),[447] so läuft die Frist von der letzten Entscheidung an ohne Rücksicht auf das unzulässige Rechtsmittel.
- Trifft ihn kein Verschulden, so läuft die Frist erst von der Entscheidung über das unzulässige Rechtsmittel an (konsequenterweise: Verwerfung als unzulässig).

332 (2) Der Beschwerdeführer legt ein Rechtsmittel nicht ein, obwohl es möglich gewesen wäre (also: er legt *kein* Rechtsmittel mehr ein oder er legt ein *falsches* ein, unterlässt aber das richtige):

- Bei Verschulden (das bereits bei zweifelhaften Erfolgsaussichten des unterlassenen Rechtsmittels vorliegt, s.o.) ist der Rechtsweg damit nicht erschöpft.

---

439 *Gusy* Rn. 137; *Schlaich/Korioth* Rn. 246; BVerfGE 63, 77 (78 f.); 73, 322 (329); vgl. auch *Zuck* Rn. 750 und BVerfG NJW 2000, 273.

440 Vgl. *Gusy* Rn. 136; *Zuck* Rn. 750 m.N.

441 Nachweise bei *Zuck* Rn. 750; Umbach/Clemens/*Ruppert/Sperlich* § 90 Rn. 116.

442 *Pestalozza* S. 186; *Zuck* Rn. 765, jew. m.N.

443 So wohl Maunz/Schmidt-Bleibtreu/Klein/Bethge/*Bethge* § 90 Rn. 400; vgl. auch *Zuck* Rn. 787.

444 Vgl. oben Rdn. 289!

445 *Gusy* Rn. 150 ff. Die Irrtumsproblematik gehört nicht unbedingt zum Grundwissen.

446 Dies meint *nicht* den Fall, dass die Rechtsmittel*frist* abgelaufen und *deshalb* kein Rechtsmittel mehr zulässig ist – dazu oben Rdn. 322.

447 *Zuck* Rn. 764.

- Trifft ihn kein Verschulden (der Beschwerdeführer durfte also davon ausgehen, dass kein Rechtsbehelf mehr möglich sei – dies ist insbesondere dann anzunehmen, wenn der Beschwerdeführer eine dahingehende (falsche) Rechtsbehelfsbelehrung erhalten hat), so ist die Verfassungsbeschwerde zulässig (der Beschwerdeführer muss allerdings das unverschuldet versäumte Rechtsmittel nachholen, wenn dies – ggf. durch Wiedereinsetzung – noch möglich ist).

Zusammenfassend lässt sich formulieren: Der Beschwerdeführer muss grundsätzlich selbst alle zulässigen Rechtsbehelfe ausgeschöpft und sachdienlich verfolgt haben. Als Ausnahmen kommen insbesondere in Betracht: nicht vorhaltbarer Irrtum, Unzumutbarkeit der Rechtswegerschöpfung, Vorabentscheidung (dazu sogleich). **333**

bb) Ausnahme: § 90 II 2 BVerfGG

Eine gesetzlich vorgesehene (sehr seltene!) Ausnahme vom Gebot der Rechtswegerschöpfung findet sich in § 90 II 2 BVerfGG: die sog. Vorabentscheidung. Sie ist möglich **334**

- bei allgemeiner Bedeutung der Verfassungsbeschwerde

oder

- wenn dem Beschwerdeführer sonst ein schwerer und unabwendbarer Nachteil entstünde.

Die Vorabentscheidung setzt voraus, dass der Rechtsweg noch offensteht; d.h. versäumte Rechtsbehelfe können nicht durch Vorabentscheidung umgangen werden: Ist ein fachgerichtliches Rechtsmittel verfristet, so ist § 90 II 2 BVerfGG unanwendbar.[448] Der Beschwerdeführer muss den Rechtsweg also beschritten haben (bzw. noch beschreiten können und dies dann auch tun; mit Fristablauf für Rechtsbehelfe wird die Verfassungsbeschwerde sonst unzulässig!).

Wenn die Voraussetzungen des § 90 II 2 BVerfGG vorliegen, *kann* das BVerfG »vorab« entscheiden; es hat also einen Ermessensspielraum.[449] Der Vorabentscheidung kann auch entgegenstehen, dass die Auslegung einfachen Rechts noch nicht hinreichend geklärt ist[450] – denn dies ist zunächst Sache der Fachgerichte. **335**

(1) Allgemeine Bedeutung

Allgemeine Bedeutung[451] liegt vor, wenn **336**

- die Verfassungsbeschwerde eine grundsätzliche verfassungsrechtliche Frage aufwirft;
- die Entscheidung über den konkreten Fall hinaus Klarheit schafft für eine Vielzahl gleichgelagerter Fälle;
- viele Personen zugleich betroffen sind.

Eine besondere Bedeutung für den Beschwerdeführer selbst kann eine »allgemeine Bedeutung« allein nicht begründen; ebensowenig kommt es grundsätzlich darauf an, **337**

448 Umbach/Clemens/*Ruppert/Sperlich* § 90 Rn. 152.

449 *Schlaich/Korioth* Rn. 251. Schon deshalb sollte in einer Klausur das Gebot der Rechtswegerschöpfung nicht vorschnell (also ohne konkrete Hinweise im Sachverhalt, dass darauf eingegangen werden soll) durch Vorabentscheidung umgangen werden!

450 BVerfG DVBl. 1992, 826 ff.; BVerfG NJW 2002, 741 f.

451 Vgl. *Gusy* Rn. 159 ff.

ob ein Interesse an einer *schnellen* Entscheidung des BVerfG besteht. Diese Gesichtspunkte können (nur) eine Rolle spielen bei der zweiten Alternative:

(2) Schwerer und unabwendbarer Nachteil

338 Ein schwerer und unabwendbarer Nachteil[452] muss *dem Beschwerdeführer* drohen. Zu diesem Nachteil muss gerade die Verweisung auf den Rechtsweg (etwa durch den damit zwangsläufig verbundenen Zeitverlust) führen; ob die angegriffene Maßnahme selbst einen schweren Nachteil für den Beschwerdeführer darstellt (ihn also »besonders schwer trifft«), ist *hier unerheblich*.

339 Es muss also ein besonderes Interesse (des Beschwerdeführers) an der *zeitlich* vorgezogenen Entscheidung des BVerfG bestehen. § 90 II 2 BVerfGG ist eine Ausnahmevorschrift und daher eng auszulegen – an den »Nachteil« sind also hohe Anforderungen zu stellen. Die zeitliche Verzögerung **allein** begründet keinen schweren Nachteil, sie muss ihn vielmehr **zur Folge haben.**

340 Das BVerfG hat einen »schweren Nachteil«[453]

- im Grundsatz verneint bei (bloßen) finanziellen Einbußen; anders wohl bei drohendem Konkurs (da dieser »Nachteil« i.d.R. irreparabel ist);
- bejaht bei (drohenden) massiven Eingriffen in die Intimsphäre und bei drohender Freiheitsentziehung.

341 Der »Nachteil« muss nicht nur »schwer«, sondern auch »unabwendbar« sein.[454] Das ist immer dann *nicht* der Fall, wenn auch eine Entscheidung im Rechtsweg (etwa: fachgerichtlicher Rechtsbehelf) den Nachteil abwenden würde: Die Verweisung auf den Rechtsweg muss also dazu führen, dass sich der Anspruch wegen Zeitablaufs erledigt, oder dass damit faktisch (Auslieferung, Abschiebung) oder rechtlich die Klagemöglichkeit bzw. die Möglichkeit, Verfassungsbeschwerde zu erheben entfällt.

f) Frist[455]

342 Die Verfassungsbeschwerde muss binnen eines Monats erhoben und begründet werden (§ 93 I 1 BVerfGG).

343 Die Frist beginnt in jedem Fall (spätestens) mit der Bekanntgabe/Zustellung der Maßnahme bzw. Entscheidung *in vollständiger Form* (§ 93 I 2, 3, 4 BVerfGG).

344 Erfolgt die Zustellung/Bekanntgabe (zunächst) nicht in vollständiger Form, so ist zu unterscheiden: Hätte sie von Amts wegen vollständig erfolgen *müssen*, so beginnt die Frist erst mit dem letzten Teil-Akt der (vollständigen) Bekanntgabe/Zustellung (§ 93 I 2 BVerfGG). Ist die Entscheidung/Maßnahme nicht von Amts wegen vollständig bekanntzugeben (etwa: Begründung nur auf Antrag), so läuft die Frist bereits ab Zustellung/Bekanntgabe der unvollständigen Entscheidung/Maßnahme, wird jedoch

452 *Gusy* Rn. 155 ff.

453 Zur Kasuistik *Gusy* Rn. 158 m.N.

454 Dazu m.N. *Gusy* Rn. 158 a.E.

455 Wichtig hierbei ist die Unterscheidung zwischen § 93 I und § 93 III BVerfGG; die Frist*berechnung* im Einzelnen spielt in Klausuren selten eine Rolle (sie erfolgt gem. §§ 187 ff. BGB; vgl. BVerfGE 102, 254 [295]; für eine Berechnung nach ZPO *Zuck* Rn. 832); vgl. oben Rdn. 65, Fn. 101). Zur Fristproblematik *Benda/Klein* Rn. 623 ff.; *Gusy* Rn. 198 ff.

durch einen Antrag auf Erteilung einer vollständigen Entscheidung unterbrochen[456] (§ 93 I 3 BVerfGG).

Richtet sich die Verfassungsbeschwerde (unmittelbar) gegen eine Norm,[457] so ist (nicht § 93 I BVerfGG, sondern) § 93 III BVerfGG anzuwenden: Die Verfassungsbeschwerde ist zulässig binnen eines Jahres ab Inkrafttreten der Norm (bzw. bei rückwirkendem Inkrafttreten: ab Verkündung, denn die Rückwirkung soll die Frist für den – potenziellen – Beschwerdeführer nicht verkürzen). Dies gilt problemlos für förmliche Bundes- und Landesgesetze, denn gegen sie »steht ein Rechtsweg nicht offen«.[458] 345

§ 93 III BVerfGG ist jedoch grundsätzlich auf alle Gesetze im materiellen Sinn anzuwenden, also auch auf Rechtsverordnungen und Satzungen.[459] Hier ist Vorsicht geboten: 346

Soweit sie der Normenkontrolle nach § 47 VwGO nicht unterliegen, steht gegen sie ebenfalls ein Rechtsweg nicht offen (Inzidentkontrolle i.R.d. Klage gegen einen Vollzugsakt ist kein Rechtsweg *gegen die Norm*);[460] *es gilt die Jahresfrist des § 93 III BVerfGG.* 347

Soweit sie der Normenkontrolle nach § 47 VwGO jedoch unterliegen, muss dieser »Rechtsweg«[461] zunächst beschritten werden (und zwar, obwohl für die Normenkontrolle in der VwGO keine Frist vorgesehen ist, binnen der in § 93 III BVerfGG vorgesehenen Jahresfrist)[462] – eine Verfassungsbeschwerde muss sich dann (zumindest primär)[463] gegen die letztinstanzliche Gerichtsentscheidung richten, Beschwerdegegenstand ist damit eine Gerichtsentscheidung, folglich ist § 93 I BVerfGG anzuwenden. 348

Die Jahresfrist des § 93 III BVerfGG ist daneben auch auf andere Hoheitsakte anzuwenden, gegen die »ein Rechtsweg nicht offensteht«. Solche Fälle sind wegen der Rechtsweggarantie des Art. 19 IV GG kaum denkbar. Jedenfalls gehört ein letztinstanzliches Urteil nicht zu dieser Kategorie, obwohl dagegen ein Rechtsweg jedenfalls *nicht mehr* offensteht – es bildet den Abschluss des Rechtsweges, § 93 III BVerfGG meint nur Fälle, in denen ein Rechtsweg von vornherein nicht offensteht. 349

Richtet sich die Verfassungsbeschwerde gegen eine Änderung[464] von Rechtssätzen, so knüpft die Frist (des § 93 III BVerfGG) grundsätzlich an das Inkrafttreten der Änderungsnorm an. In der neuen Frist kann die geänderte Norm (bzw. die Änderung) angegriffen werden, soweit sie reicht und soweit sie (gegenüber der ursprünglichen Fassung) zu einer neuen Beschwer führt. 350

456 D.h., die Frist beginnt neu zu laufen, vgl. § 78c III 1 StGB.
457 D.h.: ist eine Norm Beschwerdegegenstand i.S.v. oben Rdn. 271 ff.
458 Anträge zum Landesverfassungsgericht gehören nicht zum »Rechtsweg«; vgl. § 90 III BVerfGG und oben Rdn. 327.
459 *Benda/Klein* Rn. 627; Maunz/Schmidt-Bleibtreu/Klein/Bethge/*Hömig* § 93 Rn. 70.
460 Vgl. oben Rdn. 317: Diese Problemkreise sind zu unterscheiden!
461 Oben Rdn. 321 m.N.
462 Dies ergibt sich aus Sinn und Zweck des § 93 III BVerfGG; vgl. BVerfG NVwZ 1992, 972 f. m.Anm. *Grabe* NVwZ 1992, 954.
463 Vgl. oben Rdn. 298!
464 Zum Folgenden Maunz/Schmidt-Bleibtreu/Klein/Bethge/*Hömig* § 93 Rn. 74 ff.

351 Das Gleiche (grundsätzlich Lauf einer neuen Frist) gilt für die Verlängerung befristeter Normen. Eine Neuverkündung setzt eine neue Frist nur dann (und insoweit) in Lauf, wenn sie zu einer neuen Beschwer führt (also Änderungen mit sich bringt).

352 Rein redaktionelle Änderungen und bloße Neubekanntmachungen setzen keine neue Frist in Lauf.

353 Eine Verfassungsbeschwerde gegen ein Unterlassen ist unbefristet zulässig.[465]

354 Auf den ersten Blick merkwürdig, bei konsequenter Anwendung der vorstehenden Grundsätze aber problemlos sind folgende Fallkonstellationen:

- Wird der Beschwerdeführer von einem Gesetz (noch) nicht gegenwärtig und unmittelbar betroffen (und ist deshalb seine Verfassungsbeschwerde unzulässig), so läuft die Jahresfrist dennoch;[466] unterfällt er später dem Anwendungsbereich der Norm, so beginnt keine neue Frist. Er kann jedoch gegen spätere Vollzugsakte, die ihn gegenwärtig und unmittelbar betreffen, mit Verfassungsbeschwerde vorgehen (auch mit der Begründung, der Vollzugsakt beruhe auf einem verfassungswidrigen Gesetz!).
- Hat der Beschwerdeführer die Jahresfrist versäumt, so kann er ebenfalls dennoch gegen (spätere) Vollzugsakte Verfassungsbeschwerde erheben.

355 Eine Wiedereinsetzung in den vorigen Stand ist in § 93 II BVerfGG nunmehr (seit 11.8.1993) vorgesehen. Entsprechend der restriktiven Rechtsprechung des BVerfG bis zur Gesetzesänderung handhabt es diese Möglichkeit eher zurückhaltend.[467]

Die Regelung entspricht § 60 VwGO. Zu beachten ist, dass die Wiedereinsetzungsgründe in der Regel vollständig vorzutragen und glaubhaft zu machen (§ 294 ZPO!) sind (also z.B. auch der Zeitpunkt, zu dem das Hindernis weggefallen ist).

g) Form

356 Eine Verfassungsbeschwerde muss schriftlich (Telegramm/Fernschreiben oder Telefax genügt)[468] eingereicht (§ 23 I BVerfGG) und begründet werden (Mindestinhalt: § 92 BVerfGG). Sie muss in deutscher Sprache abgefasst sein (§ 17 BVerfGG i.V.m. § 184 GVG). Eine handschriftliche Unterzeichnung durch den Beschwerdeführer (oder seinen Rechtsanwalt/Prozessvertreter i.S.d. § 22 BVerfGG) ist ratsam,[469] jedoch nicht unbedingt erforderlich,[470] wenn dem Antrag hinreichend zuverlässig entnommen werden kann, von wem er ausgeht.

465 *Gusy* Rn. 213 f. m.N.

466 Mit abweichender Tendenz BVerfGE 80, 188 (209 f.) – dazu oben Rdn. 66, Fn. 104.

467 *Hillgruber/Goos* Rn. 245. Vgl. BVerfG NJW 2001, 1567 f., 3534 f.; *Lechner/Zuck* § 93 Rn. 49 ff.; *E. Klein* NJW 1993, 2073 (2076); *Zuck* NJW 1993, 2641 (2642). Zur vorherigen Rechtslage *Benda/Klein* Rn. 630; *Gusy* Rn. 215.

468 *Pieroth/Schlink* Rn. 1163 m.N.; vgl. dort auch zur ungeklärten Frage der Einlegung per E-Mail.

469 Vgl. *Gusy* Rn. 219.

470 BVerfGE 15, 288 (291); *Zuck* Rn. 796.

2. Verfahren

a) Annahmeverfahren[471]

aa) Kammerentscheidung

Jede Verfassungsbeschwerde bedarf der Annahme (§ 93a I BVerfGG, Art. 94 II GG), über die zunächst die Kammer (§ 15a BVerfGG) entscheidet. Sie kann (wohl nicht: muss!) durch einstimmigen (§ 93d III 1 BVerfGG) Beschluss die Annahme ablehnen, wenn die in § 93a II BVerfGG normierten Annahmevoraussetzungen[472] nicht vorliegen. 357

Diese ablehnende Entscheidung der Kammer hat keine Bindungswirkung (i.S.d. § 31 BVerfGG) und kann auch keine Pflicht zur Divergenzvorlage (nach Art. 100 III GG) auslösen.[473] 358

Die Kammer kann durch einstimmigen Beschluss die Verfassungsbeschwerde annehmen und[474] ihr stattgeben, wenn die Annahmevoraussetzungen vorliegen und sie offensichtlich begründet ist, weil das BVerfG die Frage bereits entschieden hat (§ 93c I 1 BVerfGG). Eine solche Entscheidung steht einer Senatsentscheidung gleich (§ 93c I 2 BVerfGG); die Kammer kann jedoch nicht über die Verfassungsmäßigkeit (formeller)[475] Gesetze entscheiden[476] (§ 93c I 3 BVerfGG). 359

bb) Senatsentscheidung

Hat die Kammer die Annahme weder abgelehnt (§ 93b S. 1 BVerfGG) noch der Verfassungsbeschwerde stattgegeben (§ 93c I 1 BVerfGG), so entscheidet der Senat über die Annahme (§ 93b S. 2 BVerfGG).[477] Der Senat nimmt die Verfassungsbeschwerde an, wenn mindestens drei Richter (§ 93d III 2 BVerfGG) der Auffassung sind, dass (§ 93a II BVerfGG) 360

- ihr grundsätzliche verfassungsrechtliche Bedeutung zukommt,[478] sie also wichtige Fragen aufwirft und damit dem BVerfG Gelegenheit zur Klarstellung oder zur Aufstellung von Leitlinien in einem bestimmten Bereich gibt;[479]

oder

- es – aus allgemeinen Erwägungen – zur Durchsetzung der Grundrechte (oder grundrechtsgleichen Rechte) angezeigt ist;[480] so bei »grundrechtswidriger Praxis

471 Das Annahmeverfahren spielt in schriftlichen Prüfungen regelmäßig keine Rolle; es sollte auch nicht ohne direkten Hinweis im Sachverhalt angesprochen werden. Kenntnisse erleichtern jedoch das Verständnis mancher Entscheidung, da die meisten Verfassungsbeschwerden im Annahmeverfahren scheitern (vgl. *Pieroth/Schlink* Rn. 1119 f.); oben Rdn. 39. Zur Neugestaltung im Jahre 1993 *E. Klein* NJW 1993, 2073 (2076); *Zuck* NJW 1993, 2641 (2642).

472 Dazu näher unten Rdn. 360.

473 Maunz/Schmidt-Bleibtreu/Klein/Bethge/*Graßhof* § 93b Rn. 17.

474 Z.B. BVerfG NVwZ 1994, 160 ff.; vgl. oben Rdn. 39.

475 Maunz/Schmidt-Bleibtreu/Klein/Bethge/*Graßhof* § 93c Rn. 2.

476 Unabhängig davon, ob das Gesetz selbst Beschwerdegegenstand oder seine Verfassungsmäßigkeit nur »Vorfrage« ist.

477 Es bedarf also keiner positiven Annahmeentscheidung der Kammer – eine Verfassungsbeschwerde gelangt (schon) dann zum Senat, wenn in der Kammer keine Einstimmigkeit zu erzielen ist.

478 Dazu BVerfG NJW 1994, 993 f.

479 *Schlaich/Korioth* Rn. 263. Dies kann auch bei einer unbegründeten Verfassungsbeschwerde der Fall sein; (hinreichende) Erfolgsaussicht ist daher nach der Neuregelung keine Annahmevoraussetzung (Maunz/Schmidt-Bleibtreu/Klein/Bethge/*Graßhof* § 93a Rn. 64).

480 *Schlaich/Korioth* Rn. 264.

der Fachgerichte«, »fehlender Erfahrung der Gerichte im Umgang mit Grundrechten«, bei extremer »richterlicher Nachlässigkeit«[481] oder »unverständlichem richterlichem Verhalten«;

oder

- wenn dem Beschwerdeführer sonst ein besonders schwerer Nachteil (»existenzielle Bedeutung«) entstehen würde.[482] Da dieser Nachteil nicht schon durch die Annahme, sondern erst durch eine für den Beschwerdeführer günstige Sachentscheidung abgewendet werden kann, ist dieser Annahmegrund nur bei hinreichenden Erfolgsaussichten der Verfassungsbeschwerde anzunehmen.[483]

361 Die Nichtannahme erfolgt durch Beschluss (ohne mündliche Verhandlung), welcher keiner Begründung bedarf (§ 93d I BVerfGG). Ein ausdrücklicher Annahmebeschluss ist nicht erforderlich; die Annahme erfolgt »konkludent« durch die weitere Behandlung der Verfassungsbeschwerde.

362 Der Senat kann (theoretisch) eine Verfassungsbeschwerde auch nach ihrer Annahme noch durch einstimmigen Beschluss gem. § 24 BVerfGG als offensichtlich unzulässig oder unbegründet verwerfen.[484]

b) Mündliche Verhandlung

363 Eine mündliche Verhandlung[485] ist die gesetzlich vorgesehene Regel (§ 25 I BVerfGG), in der Praxis jedoch die Ausnahme – das Gericht kann gem. § 94 V 2 BVerfGG davon absehen, wenn es von ihr keine weitere Förderung des Verfahrens erwartet (und tut dies i.d.R.).

364 Eine mündliche Verhandlung erzwingen können nur Äußerungsberechtigte (§ 94 BVerfGG) Verfassungsorgane, die dem Verfahren beigetreten[486] sind (§ 94 V 1 BVerfGG). Der Beschwerdeführer selbst hat keinen Einfluss darauf, ob eine mündliche Verhandlung stattfindet.

---

481 Von der Annahme dieser Alternative in einer Klausur – soweit diese überhaupt Anlass zur Auseinandersetzung mit dem Annahmeverfahren bietet (oben Fn. 471) – kann nur abgeraten werden (vgl. oben Fn. 416).

482 Trotz des Wortes »kann« statuiert § 93a II BVerfGG in diesen Fällen eine Pflicht zur Annahme; *Klein* NJW 1993, 2073 (2074); *Schlaich/Korioth* Rn. 262. Kriterien für »besonders schweren Nachteil«: Berufungssumme (§ 511 II Nr. 1 ZPO); Schwere der Grundrechtsverletzung (bei Urteils-VB: kommt die angegriffene Entscheidung – evtl. trotz fehlerhafter Begründung – zu einem billigen und angemessenen Ergebnis?).

483 Maunz/Schmidt-Bleibtreu/Klein/Bethge/*Graßhof* § 93a Rn. 68; BVerfG NJW 1995, 385. Im Rahmen der Annahmeentscheidung der *Kammer* wird die Zulässigkeit dabei wohl nach wie vor abschließend, nicht nur »summarisch« geprüft (vgl. zum Annahmeverfahren a.F. *Gusy* Rn. 291). Fraglich ist, ob die Kammer hierbei auch eine eigene, vollständige Begründetheitsprüfung durchführt (so *Zuck* Rn. 944) oder aufgrund nur »überschlägiger« Prüfung die Senatsentscheidung prognostiziert (so *Gusy* Rn. 291); *offensichtliche* Unbegründetheit ist jedenfalls nicht erforderlich (vgl. auch *Benda/Klein* Rn. 633 ff.). Für die klausurmäßige Fallbearbeitung empfiehlt sich eine vollständige, abschließende Prüfung.

484 Oben Rdn. 40.

485 Oben Rdn. 43 ff.; *Gusy* Rn. 300 f.

486 Oben Rdn. 47.

3. Entscheidung

a) Maßstab

aa) Prüfung von Gerichtsurteilen[487]

Das BVerfG ist kein »Superrevisionsgericht«;[488] es prüft Urteile nicht auf ihre »Richtigkeit« (obwohl jedes objektiv falsche Urteil den dadurch Belasteten in seinen Grundrechten verletzt, zumindest nämlich in seiner Allgemeinen Handlungsfreiheit, Art. 2 I GG),[489] sondern auf die Verletzung »spezifischen Verfassungsrechts«.[490] Die Anwendung und Auslegung des »einfachen« Gesetzesrechts (in Abgrenzung zum Verfassungsrecht) ist Sache der Fachgerichte (Instanzenzug); das BVerfG prüft nur die Anwendung des GG. **365**

Im Einzelnen prüft das BVerfG: **366**

- Ist/sind die Norm/en, auf der/denen die Entscheidung *beruht*,[491] (formell und materiell) verfassungsmäßig? Maßstab ist *hierbei* grundsätzlich das gesamte GG.[492]
- *Beruht* die Entscheidung auf einem Verstoß gegen ein Verfahrensgrundrecht des GG (Art. 101, 103, 104, 19 IV GG)? Maßstab ist hierbei das jeweilige Verfahrensgrundrecht, also die jeweilige GG-Vorschrift; jedoch kann ein Verstoß gegen die einschlägige Prozessordnung (VwGO, ZPO, StPO, ArbGG, ...) zugleich das GG verletzen. Bei der Prüfung insbes. von Entscheidungen, die ein Rechtsmittel, eine Klage, einen Beweisantrag als unzulässig verwerfen, hat das Bundesverfassungsgericht lange Zeit die Anwendung des jeweiligen Prozessrechts sehr eingehend nachgeprüft, denn eine objektiv falsche Verwerfung als unzulässig verletze immer den Grundsatz des rechtlichen Gehörs und damit spezifisches Verfassungsrecht.[493] Ganz ähnlich war das Vorgehen bei der Prüfung der Präklusionsvorschriften der ZPO (vgl. § 296 ZPO), die wegen ihres Ausnahmecharakters und der einschneidenden, direkt grundrechtsrelevanten (Art. 103 GG) Folgen einer strengen verfassungsgerichtlichen Kontrolle unterlägen.[494]

  Inzwischen wird auch im Bereich des Prozessrechts nicht mehr aus *jedem* Verstoß gegen einfaches Recht ein Verfassungsverstoß gefolgert, sondern jeweils der spezifisch verfassungsrechtliche Gehalt der verletzten Regelung ermittelt.[495] Dennoch kann wohl noch immer von einer höheren Prüfungsdichte in diesem Bereich ausgegangen werden.[496]

---

487 Ausführlich *Schlaich/Korioth* Rn. 280 ff.

488 Vgl. oben Rdn. 10 ff.; 304 ff.

489 Vgl. die »Elfes«-Entscheidung, BVerfGE 6, 32 ff.

490 Dazu BVerfGE 18, 85 (92); *Benda/Klein* Rn. 654 ff.; *Pieroth/Schlink* Rn. 1172 ff.; *Pestalozza* S. 167 ff.

491 I.S.v. Entscheidungserheblichkeit.

492 Wie in den Normenkontrollverfahren; vgl. BVerfGE 6, 32 ff.

493 *Schlaich/Korioth* Rn. 323 ff. mit zahlreichen Nachweisen.

494 *Schlaich/Korioth* Rn. 308 m.N. zur Rspr.

495 *Schlaich/Korioth* Rn. 324; BVerfGE 74, 228 (233); 75, 302 (309 ff.).

496 Jedenfalls für die klausurmäßige Fallbearbeitung, für die es sich i.d.R. ohnehin empfiehlt, einen Verstoß gegen die einschlägige Verfahrensordnung abschließend zu prüfen, bevor die Frage behandelt wird, ob darin zugleich ein Verstoß gegen Art. 103 I 1 GG liegt. Vgl. BVerfG NJW 1992, 678 ff.

- Verstößt die Entscheidung inhaltlich gegen eines der in § 90 I BVerfGG genannten Rechte? Diese Prüfung kann in verschiedene Fallgruppen eingeteilt werden:[497]
  - Der Richter hat den Einfluss von Grundrechten **nicht erkannt**; d.h. in der angegriffenen Entscheidung wird sich nicht mit Grundrechten auseinandergesetzt, die aber einschlägig gewesen wären.
  - Der Richter hat den Einfluss von Grundrechten[498] **grundsätzlich verkannt**; d.h. ein Grundrecht in seiner Bedeutung falsch gewichtet oder seinen Schutzbereich falsch abgegrenzt.
  - Die Entscheidung ist **willkürlich**; d.h. sie ist (objektiv) unhaltbar und es drängt sich daher der Schluss auf, sie beruhe auf sachfremden Erwägungen.[499] Das BVerfG korrigiert also grob falsche Entscheidungen. Als »Aufhänger« dient dabei das Willkürverbot in Art. 3 I GG.[500]

367 Dabei beschränkt es sich auf eine »grundsätzliche« Prüfung; d.h. es prüft i.d.R. keine Einzelheiten. Als Faustregel gilt: Je schwerer der Grundrechtseingriff durch ein Urteil wiegt, desto detaillierter prüft das Bundesverfassungsgericht auch die Auslegung und Anwendung des einfachen Rechts[501] nach.

bb) Prüfung von Verwaltungshandeln

368 Hier gilt grundsätzlich das Gleiche wie bei der Urteils-Verfassungsbeschwerde, zumal gegen Verwaltungshandeln regelmäßig zunächst der Rechtsweg beschritten werden muss (Ausnahmen: vgl. oben Rdn. 321 ff.) und die Verfassungsbeschwerde sich dann zumindest *auch* gegen die (letztinstanzliche) Gerichtsentscheidung richtet;[502] d.h.

- Prüfung der zugrunde liegenden Gesetze am gesamten GG;
- Prüfung der Maßnahme auf Verletzung spezifischen Verfassungsrechts.

cc) Prüfung von Normen[503]

369 Normen werden im Ergebnis am gesamten GG gemessen, weil eine rechtswidrige belastende Norm immer zumindest das Grundrecht der Allgemeinen Handlungsfreiheit aus Art. 2 I GG verletzt. D.h.: Ist eine Norm wegen Verstoß gegen objektives Verfassungsrecht (z.B. Kompetenzvorschriften, Art. 70 ff. GG) rechtswidrig, so ist die Verfassungsbeschwerde dagegen begründet. Maßstab bleiben aber die Grundrechte – wird ein Verstoß gegen sonstiges Verfassungsrecht festgestellt, so ist zu prüfen, ob darin *zugleich* ein Verstoß gegen Grundrechte liegt, was jedoch immer der Fall ist (wegen Art. 2 I GG in der Auslegung durch die Elfes-Entscheidung). **Ein Verstoß gegen objektives Verfassungsrecht macht allein eine Verfassungsbeschwerde nicht begründet, sondern nur der (ggf. darin liegende) Verstoß gegen Grundrechte des Beschwerdeführers!**

497 *Schlaich/Korioth* Rn. 292 ff.

498 Oder in § 90 I BVerfGG genannten grundrechtsähnlichen Rechten – im Folgenden ist (verkürzend) nur von »Grundrechten« die Rede.

499 *Schlaich/Korioth* Rn. 299 f.; *Benda/Klein* Rn. 666 ff.

500 Letztere Fallgruppe basiert auf allgemeinen Gerechtigkeitserwägungen, die kaum objektiv fassbar sind. Daher sollte in Klausuren nur ausnahmsweise damit argumentiert werden.

501 *Schlaich/Korioth* Rn. 307 ff.; *Benda/Klein* Rn. 662.

502 Oben Rdn. 298, 329!

503 Vgl. die »Elfes«-Entscheidung, BVerfGE 6, 32 ff.

b) Inhalt

Der Inhalt der Entscheidung ist in § 95 BVerfGG geregelt: 370

- Feststellung, welche GG-Vorschrift durch welche Handlung oder Unterlassung verletzt wurde (§ 95 I BVerfGG); ggf. *daneben*:
- Aufhebung der angegriffenen Entscheidung(en) (§ 95 II BVerfGG). »Entscheidungen« in diesem Sinne sind Gerichtsurteile, Verwaltungsakte und sonstiges Verwaltungshandeln; eine Aufhebung kommt jedoch nur in Betracht, soweit diese Akte zulässig in den Beschwerdegegenstand einbezogen wurden!

Ist eine Verfassungsbeschwerde gegen eine Norm (Gesetz im materiellen Sinn) er- 371
folgreich, so wird die Norm grundsätzlich für nichtig (ex tunc) erklärt (§ 95 III 1 BVerfGG); ggf. beschränkt sich das BVerfG darauf, die Verfassungswidrigkeit festzustellen.[504]

Richtet sich die Verfassungsbeschwerde gegen eine Entscheidung i.S.d. § 95 II 372
BVerfGG und wird diese aufgehoben, weil sie auf einer verfassungswidrigen Norm beruht, so wird zugleich diese Norm für nichtig (bzw. verfassungswidrig) erklärt (§ 95 III 2 BVerfGG).

c) Wirkungen

Die Entscheidungen nach § 95 I, II BVerfGG haben Bindungswirkung gem. § 31 I 373
BVerfGG; Entscheidungen nach § 95 III BVerfGG Bindungswirkung und Gesetzeskraft (§ 31 I, II BVerfGG). Daneben gilt § 79 BVerfGG entsprechend (§ 95 III 3 BVerfGG).[505]

4. Prüfungsschema[506]

»Jedermann-« bzw. »Individual«-Verfassungsbeschwerde: 374

I. Zulässigkeit
  1. Zuständigkeit des BVerfG
     - Art. 93 I Nr. 4a GG, § 13 Nr. 8a BVerfGG.
  2. Antragsberechtigung, § 90 I BVerfGG
     - »Jedermann«; d.h. jeder, der Träger der in Art. 93 I Nr. 4a GG und § 90 I BVerfGG genannten Rechte sein kann.
  3. Beschwerdegegenstand: alle Akte der deutschen Hoheitsgewalt (§ 90 I BVerfGG)
     - Exekutivakte, einschl. Unterlassen,
     - Gerichtsentscheidungen,
     - Normen jeder Rangstufe, einschl. Unterlassen.
  4. Beschwerdebefugnis (§ 90 I BVerfGG)
     - selbst, gegenwärtig (schon und noch), und unmittelbar (kein Vollzugsakt nötig oder üblich) betroffen;

504 Maunz/Schmidt-Bleibtreu/Klein/Bethge/*Schmidt-Bleibtreu* § 95 Rn. 35 ff.; oben Rdn. 125 ff.

505 Vgl. oben Rdn. 131 f.

506 Vgl. *Benda/Klein* Rn. 681; *Hillgruber/Goos* Rn. 263; *Gersdorf* Rn. 1 ff., 233 ff. Das Verfassungsprozessrecht ist aufgrund seiner lückenhaften Rechtsquellen noch weniger als das sonstige Prozessrecht dazu geeignet, durch Schemata erfasst zu werden. Alle hier angebotenen Schemata sollten daher als Anhaltspunkte, keinesfalls aber als starre Raster verstanden werden. Der Einzelfall kann Überschneidungen mit sich bringen, Umstellungen erfordern oder sogar weitere Prüfungspunkte nötig machen. Hierzu auch *Schwerdtfeger* Rn. 11 ff.

- mögliche Verletzung zumindest eines der in § 90 I BVerfGG, Art. 93 I Nr. 4a GG genannten Rechte.[507]

5. Rechtswegerschöpfung (§ 90 II 1 BVerfGG)
   - alle zulässigen Rechtsbehelfe müssen ausgeschöpft sein (außer: Anrufung des Landesverfassungsgerichts, § 90 III BVerfGG);
     Ausnahmen: Unzumutbarkeit, nicht vorhaltbarer Irrtum, Vorabentscheidung gem. § 90 II 2 BVerfGG.
6. Form: schriftlich mit Begründung, §§ 23 I, 92 BVerfGG.
7. Frist: Verfassungsbeschwerde gegen
   - Urteile, Exekutivakte: 1 Monat (§ 93 I BVerfGG);
   - Normen, gegen die Normenkontrollantrag nach § 47 VwGO statthaft ist: nur Verfassungsbeschwerde gegen gerichtliche Entscheidung über Normenkontrollantrag, Frist dafür: 1 Monat (§ 93 I BVerfGG);
   - Normen, gegen die Normenkontrolle nach § 47 VwGO nicht statthaft ist (also kein Rechtsweg eröffnet): 1 Jahr ab Inkrafttreten (§ 93 II BVerfGG) bzw. bei rückwirkendem Inkrafttreten ab Verkündung;
   - Unterlassen: keine Frist.

II. Begründetheit

Verstößt der angegriffene Akt der öffentlichen Gewalt gegen Rechte des Beschwerdeführers, die in § 90 I BVerfGG genannt sind?

- Normen werden dabei umfassend auf ihre (formelle und materielle) Rechtmäßigkeit geprüft, da – aus welchen Gründen auch immer – rechtswidrige Normen nicht zur »verfassungsmäßigen Ordnung« gehören und daher die Allgemeine Handlungsfreiheit nicht wirksam einschränken können,
- Urteile werden nur auf die Verletzung »spezifischen Verfassungsrechts« geprüft.

II. Kommunalverfassungsbeschwerde zum Bundesverfassungsgericht

375 Die Kommunalverfassungsbeschwerde ist geregelt in § 13 Nr. 8a BVerfGG, Art. 93 I Nr. 4b GG und § 91 BVerfGG.

1. Zulässigkeitsvoraussetzungen[508]

a) Beschwerdeberechtigung

376 Beschwerdeberechtigt sind (Art. 93 I Nr. 4b GG, § 91 BVerfGG):

- Gemeinden.
- Gemeindeverbände;[509] d.h. Landkreise und Bezirke. Ob auch Zweckverbände (vgl. Art. 18 ff. BayKommZG)[510] hierzu rechnen, ist umstritten; es hängt letztlich davon ab, ob und inwieweit sie sich auf Art. 28 II GG berufen können – die wohl h.M. lehnt dies ab.[511]

507 Klausur: *alle* möglicherweise einschlägigen Rechte prüfen; Faustregel: Verletzung des Rechts ist »möglich«, wenn sein Schutzbereich betroffen ist; vgl. *Pieroth/Schlink* Rn. 1131.

508 *Benda/Klein* Rn. 692 ff.; *Pestalozza* S. 191 ff.; *Robbers* S. 129 f. (mit Fallbeispielen); *Kornbichler/Polster/Tiede* S. 257 ff.

509 Maunz/Schmidt-Bleibtreu/Klein/Bethge/*Bethge* § 91 Rn. 27 f.

510 Bayerisches Gesetz über die kommunale Zusammenarbeit (*Ziegler/Tremel* Nr. 376).

511 Vgl. Umbach/Clemens/*Magen* § 91 Rn. 16; Maunz/Schmidt-Bleibtreu/Klein/Bethge/*Bethge* § 91 Rn. 28.

- Aufgelöste Gebietskörperschaften gelten für die Kommunalverfassungsbeschwerde gegen ihre Auflösung als fortbestehend.[512]
- Stadtstaaten sind als solche nicht beschwerdeberechtigt. Soweit Land und Gemeinde identisch sind, ist die Garantie der kommunalen Selbstverwaltung gegenstandslos.[513] Das bedeutet: Hamburg und wohl auch Berlin können keine Kommunalverfassungsbeschwerde erheben; ebenso das Land Bremen als solches – anders dagegen die Gemeinden Bremen und Bremerhaven, aus denen sich das Land Bremen zusammensetzt.
- Verwaltungsgemeinschaften[514] sind nicht beschwerdeberechtigt, da sie keine Gebietskörperschaften sind (Art. 1 I 1 BayVGemO).[515]

b) Beschwerdegegenstand (§ 91 BVerfGG)

Den Beschwerdegegenstand einer Kommunalverfassungsbeschwerde können bilden: 377

- Förmliche Bundesgesetze und Rechtsverordnungen des Bundes (»Gesetz des Bundes«).
- Förmliche Landesgesetze und untergesetzliches Landesrecht, welches das Land selbst erlassen hat (»Gesetz des Landes«) – aber auch Satzungsrecht von Selbstverwaltungskörperschaften.[516]

Hier ist jedoch die Einschränkung aus § 91 S. 2 BVerfGG, Art. 93 I Nr. 4b GG zu beachten: Soweit[517] die konkrete Gebietskörperschaft (Gemeinde/Gemeindeverband) diejenige Norm des Landesrechts, gegen die sich die Kommunalverfassungsbeschwerde richten soll, gestützt auf ihr landesrechtlich verbürgtes Selbstverwaltungsrecht, auch vor dem Landesverfassungsgericht angreifen kann (unabhängig davon, in welcher Verfahrensart), ist die Kommunalverfassungsbeschwerde zum BVerfG »subsidiär« und deshalb unzulässig.

In Bayern steht den Gemeinden die Möglichkeit der Popularklage[518] zum BayVerfGH offen; sie können sich dabei auf das Selbstverwaltungsrecht aus Art. 11 II BV berufen.[519] Eine Kommunalverfassungsbeschwerde einer bayerischen Gemeinde muss daher an der Subsidiaritätsklausel scheitern.

Dieses Selbstverwaltungsrecht ist durch Art. 11 II BV jedoch nur den Gemeinden verbürgt, nicht auch den Gemeindeverbänden; daher können letztere die Selbstverwaltungsgarantie nicht vor dem BayVerfGH geltend machen. Daher steht ihnen der Weg der Kommunalverfassungsbeschwerde zum BVerfG offen.[520]

Nicht Gegenstand einer Kommunalverfassungsbeschwerde können sein: 378

- Ein Unterlassen des zuständigen Normsetzers.[521]
- *Gerichtsurteile und Maßnahmen der Exekutive!*

512 Umbach/Clemens/*Magen* § 91 Rn. 17.
513 Maunz/Schmidt-Bleibtreu/Klein/Bethge/*Bethge* § 91 Rn. 30 m.N.
514 BVerfGE 107, 1 (17 f.).
515 Verwaltungsgemeinschaftsordnung für den Freistaat Bayern (*Ziegler/Tremel* Nr. 285).
516 Umbach/Clemens/*Magen* § 91 Rn. 29 m.N.
517 Übersicht bei *Pestalozza* S. 193 ff.
518 Dazu oben Rdn. 134 ff.
519 Oben Rdn. 150.
520 Vgl. *Pestalozza* S. 195.
521 *Lechner/Zuck* § 91 Rn. 4; zweifelnd *Pestalozza* S. 192; a.A. Umbach/Clemens/*Magen* § 91 Rn. 30.

c) Beschwerdebefugnis

379 Die beschwerdeführende Gemeinde (bzw. Gemeindeverband) muss darlegen,[522] dass

- die angegriffene Norm sie (zumindest möglicherweise) in ihrem Selbstverwaltungsrecht verletzt (gem. Art. 28 II 2 GG steht das Selbstverwaltungsrecht auch den Gemeindeverbänden zu!), *und* dass
- sie durch die Norm selbst, gegenwärtig und unmittelbar betroffen ist.[523] Das Kriterium der Unmittelbarkeit ist jedoch abgeschwächt: Es gilt nur insoweit, als das Gesetz durch eine *Norm* (Rechtsverordnung) konkretisiert werden muss; soweit ein Exekutivakt (Verwaltungsakt) als Vollzugsakt in Rede steht, könnte die Gemeinde diesen nicht angreifen (oben Rdn. 378!) und kann daher auch nicht darauf verwiesen werden, ihn abzuwarten.[524]

380 Die Beschwerdebefugnis kann *nur* auf eine (mögliche) Verletzung des Selbstverwaltungsrechts (Art. 28 II GG) gestützt werden. Eine Verletzung des Selbstverwaltungsrechts kann sich jedoch auch aus einem Verstoß gegen andere Vorschriften des GG ergeben, soweit diese eine Konkretisierung des Art. 28 II GG darstellen;[525] in Betracht kommen insbes. das Bundesstaatsprinzip (Art. 20 I GG), das etwa verletzt sein kann, wenn per Gesetz der Bund zu einem unmittelbaren (aufsichtlichen) Durchgriff auf die Gemeinden ermächtigt wird;[526] Art. 70 ff. GG;[527] Art. 106 V[528] und V a GG; Art. 120 GG[529] sowie das Prinzip der Verhältnismäßigkeit und das Willkürverbot.[530]

d) Rechtswegerschöpfung (§ 90 II BVerfGG)

381 Soweit es statthaft ist, muss zunächst ein Normenkontrollverfahren nach § 47 VwGO durchgeführt werden.[531] Bleibt dieses erfolglos, so hindert das Urteil die Kommunalverfassungsbeschwerde gegen *die Norm* nicht (eine Kommunalverfassungsbeschwerde gegen das Normenkontroll-Urteil ist nicht möglich – oben Rdn. 378!).

e) Frist

382 Grundsätzlich gilt die Jahresfrist des § 93 III BVerfGG.

383 Soweit vor Erhebung der Kommunalverfassungsbeschwerde ein Normenkontrollverfahren nach § 47 VwGO durchzuführen ist, muss dieses (obwohl in der VwGO keine Frist dafür vorgesehen ist) binnen eines Jahres eingeleitet werden (vgl. § 93 III BVerfGG); mit Abschluss des fachgerichtlichen Normenkontrollverfahrens beginnt die Jahresfrist des § 93 III BVerfGG (neu) zu laufen.[532]

522 Vgl. oben Rdn. 61, 141, 299!
523 Vgl. oben Rdn. 299 ff.
524 *Benda/Klein* Rn. 697 m.N.
525 *Benda/Klein* Rn. 698 ff.; vgl. auch Umbach/Clemens/*Magen* § 91 Rn. 53.
526 BVerfGE 56 298 (311).
527 BVerfGE 56, 298 (310).
528 BVerfGE 71, 25 (37 f.).
529 BVerfGE 1, 167 (181 ff.).
530 BVerfGE 56, 298 (313 f.).
531 Vgl. Maunz/Schmidt-Bleibtreu/Klein/Bethge/*Bethge* § 91 Rn. 48 m.N.
532 Vgl. Maunz/Schmidt-Bleibtreu/Klein/Bethge/*Hömig* § 93 Rn. 10 m.N.

2. Verfahren und Entscheidung

Das weitere Verfahren, die Entscheidung und das Prüfungsschema entsprechen dem der Individualverfassungsbeschwerde. 384

III. Verfassungsbeschwerde zum Bayerischen Verfassungsgerichtshof[533]

Die Rechtsgrundlagen finden sich in Art. 66, 120 BV, 2 Nr. 6 BayVerfGHG, das Verfahren ist geregelt in Art. 51–54 BayVerfGHG. 385

1. Zulässigkeitsvoraussetzungen

a) Antragsberechtigung

Aus Art. 120 BV ergibt sich die Antragsberechtigung für »Bewohner Bayerns«, d.h. zunächst für jeden, der zur Zeit der Entscheidung oder zum Zeitpunkt der Verfahrenseinleitung (Erhebung der Verfassungsbeschwerde) einen Wohnsitz im bayerischen Staatsgebiet hat. Darunter fallen aber auch 386

- wer eine dauernde örtliche Beziehung zum bayerischen Staatsgebiet hat;
- Personen, die gegen ihren Willen in Bayern festgehalten werden.[534]

Nach Ansicht des BayVerfGH sind darüber hinaus wegen Art. 33 I GG alle Deutschen (i.S.d. Art. 116 GG)[535] antragsberechtigt. 387

Juristische Personen müssen ihren (tatsächlichen) Sitz in Bayern haben[536] und Träger des gerügten Rechtes sein können. Zu beachten ist in diesem Zusammenhang, dass der BayVerfGH die Grundrechtsfähigkeit von Gemeinden jedenfalls dann nicht von vornherein ausschließt, wenn sie sich in einer »grundrechtstypischen Gefährdungslage« befinden, also dem Staat als Gewaltunterworfene ähnlich dem Bürger gegenüberstehen (insbes. bei Art. 118 – Gleichheitssatz, Willkürverbot – und Art. 103 – Eigentum – BV). Auch andere juristische Personen des öffentlichen Rechts können grundsätzlich eine Verletzung ihrer Grundrechte mit der Verfassungsbeschwerde geltend machen.[537] 388

Nichtrechtsfähige Personenvereinigungen sind ausnahmsweise beschwerdeberechtigt, *soweit* ihnen Rechte zustehen (Art. 30 I BayVerfGHG i.V.m. § 61 Nr. 2 VwGO) und sie ihren Sitz in Bayern haben. 389

b) Beschwerdegegenstand

Beschwerdegegenstand können alle Maßnahmen bayerischer Landesbehörden sein. 390

533 Ausführlich dazu *Ebersperger* Die bayerische Verfassungsbeschwerde, Diss. München 1990. Die Zulässigkeitsprüfung entspricht weitgehend der der Verfassungsbeschwerde zum BVerfG; im Folgenden wird daher das Schwergewicht auf Abweichungen gelegt. Gesichtspunkte, die nur kurz erwähnt werden (weil sie dem bundesrechtlichen Problem entsprechen), sind deshalb nicht weniger wichtig!

534 *Meder* Art. 120 BV Rn. 2.

535 St.Rspr., vgl. BayVerfGHE n.F. 20, 153 (156); BayVerfGH BayVBl. 1992, 46 (47); a.A. *Meder* Art. 120 BV Rn. 2.

536 BayVerfGH BayVBl. 1992, 46 f.

537 Vgl. BayVerfGH NuR 1992, 268 ff. für Art. 103 I BV.

391 aa) »Behörde« i.S.d. Art. 51 I 1 BayVerfGHG, 120 BV sind[538]

- amtliche Stellen des Freistaates Bayern;
- *bayerische* juristische Personen des öffentlichen Rechts, also Gebietskörperschaften (Landkreise, Gemeinden) sowie Anstalten und Stiftungen des öffentlichen Rechts;
- Beliehene, wenn und soweit sie Hoheitsgewalt ausüben;
- gem. Art. 51 I 2 BayVerfGHG auch bayerische Gerichte[539] (mit Ausnahme des BayVerfGH selbst, seiner Senate oder seines Präsidenten).[540]
- nicht: Bundesbehörden, auch wenn sie in Bayern ihren Sitz haben und/oder bayerisches Landesrecht anwenden;

392 bb) »Maßnahme« i.S.d. Art. 51 I 1 BayVerfGHG, 120 BV[541] ist jeder hoheitliche Akt mit unmittelbarer Rechtswirkung nach außen, auch deren Unterlassung, nicht jedoch Rechtssetzungsakte (Normen können in Bayern *nur* mit der Popularklage angegriffen werden;[542] eine Verfassungsbeschwerde gegen eine Norm kann aber ggf. in eine Popularklage umgedeutet werden).[543]

393 cc) Gegenstand der Verfassungsbeschwerde zum BayVerfGH können somit sein

394 (1) jedes öffentlich-rechtliche Verwaltungshandeln (einschließlich Handeln Beliehener), also Verwaltungsakte und deren Unterlassen, oder schlicht-hoheitliches Handeln (bzw. Unterlassen) bayerischer Stellen; auch Gnadenentscheidungen.

395 (2) nicht: privatrechtsförmiges Handeln (von Hoheitsträgern), auch wenn es Grundrechts-Bindungen unterliegt,[544] einschl. Daseinsvorsorge mit privatrechtlichen Mitteln.[545]

396 (3) Urteile (und Zwischenentscheidungen, zu den Voraussetzungen vgl. oben Rdn. 296 f.) *bayerischer Gerichte*,[546] außer, wenn sie von einem Bundesgericht durch Sachentscheidung bestätigt oder abgeändert worden sind.

Wegen des Gebots der Rechtswegerschöpfung (Art. 51 II 1 BayVerfGHG) ist Beschwerdegegenstand immer die letztinstanzliche Entscheidung[547] (jedenfalls, wenn diese eine Sachentscheidung ist – vgl. unten Rdn. 397!). Die Entscheidungen der vorausgegangenen Instanzen und die Maßnahme selbst (Ausgangs-Verwaltungsakt) *können* vom Beschwerdeführer einbezogen werden,[548] nicht aber *allein* Beschwerdegegenstand sein (vgl. oben Rdn. 298).

538 *Meder* Art. 120 BV Rn. 4 f.; *Pestalozza* S. 431 ff.

539 Ob diese als Behörden i.S.d. Art. 120 BV anzusehen sind oder eine durch Art. 67 BV gedeckte Ergänzung vorliegt (so *Pestalozza* S. 431 f.) ist im *Ergebnis* unerheblich.

540 *Meder* Art. 120 BV Rn. 5.

541 *Meder* Art. 120 BV Rn. 3, 6 ff.; *Pestalozza* S. 431 ff.

542 Dazu oben Rdn. 134 ff.

543 Mögliche Klausurgestaltung!

544 *Pestalozza* S. 434 f.

545 *Meder* Art. 120 BV Rn. 7 m.N.

546 Zu einer Verfassungsbeschwerde gegen eine Entscheidung im Verfahren des vorläufigen Rechtsschutzes vgl. BayVerfGHE n.F. 44, 1 ff.

547 *Pestalozza* S. 432 f.

548 Vgl. BayVerfGHE n.F. 43, 165 ff.

(4) **nicht:** Urteile von Bundesgerichten. Ein Revisionsurteil etwa des BVerwG kann nicht vom BayVerfGH überprüft werden; handelt es sich dabei um eine Sachentscheidung, so hindert diese auch die Überprüfung der Entscheidungen vorausgegangener Instanzen (und des Ausgangs-Verwaltungsakts),[549] denn der BayVerfGH muss die Entscheidung des Bundesgerichts respektieren. **397**

Keine Sachentscheidung in diesem Sinne sind etwa: die Nichtannahme der Revision (§ 554b ZPO a.F.; vgl. jetzt § 552a ZPO) und die Zurückweisung einer Nichtzulassungsbeschwerde[550] (§ 133 VwGO). In diesen Fällen beschränkt sich die Entscheidung des Bundesgerichts – untechnisch gesprochen – auf die Feststellung, dass ein Revisionsverfahren nicht durchgeführt werde. Das Urteil *der vorhergehenden Instanz*[551] wird inhaltlich weder geprüft noch bestätigt, es ist daher der Prüfungskompetenz des BayVerfGH nicht entzogen.[552]

Auch die Verwerfung einer Revision als *unzulässig* ist keine Sachentscheidung (sondern erfolgt durch Prozessurteil) und hindert eine Überprüfung der Vorinstanz(en) deshalb nicht; wegen des Gebots der Rechtswegerschöpfung (dazu unten Rdn. 406 ff.) ist hier jedoch zu unterscheiden:

- War die Revision (von vornherein) nicht statthaft, so war der Rechtsweg bereits vorher erschöpft; das Revisionsurteil kann nur für die Frist Bedeutung haben (Fristlauf für die Verfassungsbeschwerde ab Revisionsentscheidung bzw. Wiedereinsetzung, wenn irrtümliche Einlegung der Revision unverschuldet – Fristlauf ab Entscheidung der Vorinstanz, wenn verschuldet; vgl. hierzu oben Rdn. 330 ff.);
- hat der Beschwerdeführer z.B. die Revisionsfrist versäumt, so ist der Rechtsweg (endgültig) nicht erschöpft (vgl. oben Rdn. 332).

c) Beschwerdebefugnis

aa) Wie bei der bundesrechtlichen Verfassungsbeschwerde muss der Beschwerdeführer von der angegriffenen Maßnahme/Entscheidung selbst, gegenwärtig und unmittelbar betroffen sein, und er muss (plausibel) geltend machen, in einem (subjektiven) verfassungsmäßigen Recht aus der BV verletzt zu sein. **398**

Als verfassungsmäßige Rechte kommen in Betracht: Grundrechte, die sich in der BV außer in Art. 98 ff. z.B. noch in Art. 86 I 2 (gesetzlicher Richter), Art. 91 (rechtliches Gehör), Art. 126 I 1 (Erziehungsrecht der Eltern), Art. 141 III 1 (Naturgenuss),[553] Art. 159 (Enteignungsentschädigung),[554] Art. 170 (Koalitionsfreiheit) oder Art. 175 (Mitbestimmungsrecht der Arbeitnehmer) finden, und grundrechtsähnliche Rechte (wie Art. 95 I 2 BV – Berufsbeamtentum;[555] Art. 11 II BV – Selbstverwaltungsrecht der Gemeinden).[556] Es genügt jedoch, wenn der BV-Norm (durch Auslegung) ein subjektiv-öffentliches Recht entnommen werden kann; die Qualifizierung als Grund- **399**

549 *Pestalozza* S. 432 f.
550 BayVerfGHE n.F. 44, 33 (35).
551 D.h., dieses kann Gegenstand einer Verfassungsbeschwerde zum BayVerfGH sein (soweit es von einem bayerischen Gericht erlassen wurde).
552 Vgl. hierzu *Meder* Art. 120 BV Rn. 40 m.N.
553 Vgl. hierzu *Meder* Art. 141 BV Rn. 9 ff. m.N.; BayVerfGHE n.F. 43, 67 ff.
554 *Meder* Art. 159 BV Rn. 1: »Art. 159 nimmt am Grundrechtscharakter des Art. 103 teil (VerfGH 9, 158/164; 14, 104/106; 25, 71/72; 41, 106/109).«
555 *Meder* Art. 95 BV Rn. 2.
556 Nicht auch der Gemeindeverbände, *Meder* Art. 11 BV Rn. 3.

recht/grundrechtsähnliches Recht ist demgegenüber (im Gegensatz zur Popularklage, oben Rdn. 140 ff.!) nicht entscheidend.[557]

400 Eine Verletzung objektiven Verfassungsrechts (z.B.: Rechtsstaatsgebot, Art. 3 I BV) oder reiner institutioneller Garantien (Art. 134 BV – Privatschulen) kann als solche nicht gerügt werden;[558] jedoch kann eine solche Verletzung zugleich gegen das Willkürverbot verstoßen und dann als Verletzung des Art. 118 I BV gerügt werden. Das setzt voraus, dass die Entscheidung »bei verständiger Würdigung der die Verfassung (BV!) beherrschenden Gedanken nicht mehr verständlich ist und sich der Schluss aufdrängt, dass sie auf sachfremden Erwägungen beruht.«[559]

401 Für die Allgemeine Handlungsfreiheit (Art. 101 BV) gelten ähnliche Grundsätze wie bei der Verfassungsbeschwerde nach Bundesrecht:[560]

- Dogmatisch gesehen (»Elfes«-Entscheidung)[561] liegt in jeder *belastenden* Entscheidung/Maßnahme, die (objektiv) rechtswidrig ist, zugleich eine Verletzung der Allgemeinen Handlungsfreiheit;
- die Verfassungsbeschwerde kann aber nur auf die Verletzung spezifischen Verfassungsrechts gestützt werden; auch der BayVerfGH ist keine »Superrevisionsinstanz«.[562]

402 bb) Dieses gerügte verfassungsmäßige Recht muss (für die Zulässigkeit/Beschwerdebefugnis: möglicherweise) verletzt sein. Dies kann der Fall sein,[563] wenn

- bei der Anwendung von Verfahrensrecht (auch des Bundes: VwGO, ZPO, StPO, ...!) ein Verfahrensgrundrecht der BV (Art. 91 I, 86 I 2 BV) verletzt wurde;[564]
- die Entscheidung »willkürlich« ist;
- bei der Anwendung von *Landesrecht* Grundrechte *der BV* nicht berücksichtigt oder grundsätzlich verkannt wurden.

403 Die Anwendung materiellen Bundesrechts kann Rechte aus der BV nicht verletzen, da auch einfaches Bundesrecht der BV vorgeht (Art. 31 GG). Der BayVerfGH überprüft die Anwendung materiellen Bundesrechts aber darauf, ob sie willkürlich ist, denn in diesem Fall hat sich das Gericht »außerhalb jeder Rechtsanwendung überhaupt« gestellt, der Entscheidung liegt damit »in Wahrheit also kein Bundesrecht zugrunde«.[565]

---

557 *Pestalozza* S. 435. Allerdings sind die meisten, wenn nicht alle subjektiven Rechte aus der Verfassung zugleich Grundrechte oder grundrechtsähnliche Rechte. Mit der Auslegung nicht zu großzügig verfahren; vgl. Art. 166 II (»Recht auf Arbeit«, *Meder* Art. 166 BV Rn. 1) und Art. 106 I (»Recht auf Wohnung«, *Meder* Art. 106 BV Rn. 1) BV, die *kein* subjektives Recht enthalten!

558 Über diese »Brücke« kann ggf. auch eine Verletzung eines subjektiven Rechtes gerügt werden, das außerhalb der BV verbürgt ist; vgl. *Meder* Art. 120 BV Rn. 13.

559 *Meder* Art. 118 BV Rn. 20 m.N.; vgl. oben Rdn. 311, 366.

560 Oben Rdn. 305 ff.

561 BVerfGE 6, 32 ff.; Leitsatz oben Rdn. 143.

562 Vgl. oben Rdn. 306 ff., insbes. Rdn. 308. Diese Einschränkung gilt für die Prüfung aller »verfassungsmäßigen Rechte« durch den BayVerfGH (*Meder* Art. 120 BV Rn. 35), hat aber bei der Allgemeinen Handlungsfreiheit – jedenfalls für die Klausurbearbeitung – ihre größte Bedeutung.

563 Vgl. oben Rdn. 366.

564 Dazu BayVerfGHE n.F. 44, 18 (20); BayVerfGH NJW 1993, 518 ff.

565 Vgl. BayVerfGHE n.F. 44, 18 (20); BayVerfGH NJW 1993, 518 ff.; *Meder* Art. 120 Rn. 35 m.N. Auch von derartigen Argumentationen kann für den *Regelfall* der Klausur nur abgeraten werden (vgl. oben Fn. 416!).

Die Verfassungsbeschwerde kann auch darauf gestützt werden, dass die Entscheidung auf der Anwendung einer nichtigen Norm beruhe,[566] denn Art. 101 BV schützt vor der Anwendung eines ungültigen Gesetzes.[567] Dabei ist zu unterscheiden: 404

(1) Die Entscheidung beruht auf (möglicherweise nichtigem) Bundesrecht: Darauf kann die Verfassungsbeschwerde nicht gestützt werden, denn Bundesrecht kann vom BayVerfGH nicht überprüft werden und (wegen Art. 31 GG) ohnehin nicht gegen die BV verstoßen.

(2) Eine Norm des Landesrechts verstößt[568] gegen verfassungsmäßige Rechte des Beschwerdeführers i.S.d. Art. 120 BV: Darauf kann die Verfassungsbeschwerde gegen eine Entscheidung, die diese Norm anwendet, gestützt werden.

(3) Die Entscheidung selbst schränkt verfassungsmäßige Rechte des Beschwerdeführers ein; die fragliche Norm würde im Fall ihrer Gültigkeit die Entscheidung rechtfertigen, ist aber aus sonstigen Gründen (also nicht wegen Verstoß gegen verfassungsmäßige Rechte des Beschwerdeführers) nichtig: Auch in diesem Fall ist die Beschwerdebefugnis gegeben; für das weitere Verfahren (in der Begründetheitsprüfung) ist wiederum zu unterscheiden:

- Handelt es sich um eine Norm des Landesrechts, die nach Auffassung des für die Verfassungsbeschwerde zuständigen Senates gegen eine sonstige Norm der BV (etwa: Rechtsstaatsprinzip) verstößt, so entscheidet der BayVerfGH zunächst nach Art. 3 III BayVerfGHG über die Gültigkeit der Norm;[569]
- handelt es sich um eine Norm des Bundes- oder Landesrechts, die gegen Bundesrecht verstößt, so legt der BayVerfGH die Norm gem. Art. 100 I GG dem BVerfG vor.

cc) Die angefochtene Entscheidung muss auf dem Verstoß gegen die BV (für die Zulässigkeit/Beschwerdebefugnis: möglicherweise) beruhen; d.h. die Entscheidung hätte ohne den Verstoß anders ausfallen können. 405

d) Rechtswegerschöpfung

Die Erschöpfung des Rechtswegs ist – wie im Bundesrecht – Zulässigkeitsvoraussetzung (Art. 51 II 1 BayVerfGHG); die Grundsätze aus dem Bundesrecht (vgl. oben Rdn. 321 ff.) gelten auch hier:[570] Der Beschwerdeführer muss alle möglichen Rechtsbehelfe form- und fristgerecht eingelegt haben. Ein versäumtes Rechtsmittel führt ebenso zur Unzulässigkeit der Verfassungsbeschwerde wie Anerkenntnis, Verzicht, Vergleich. Zum Rechtsweg gehören auch Nichtzulassungsbeschwerde (§ 133 VwGO) 406

566 Nawiasky/Leusser/Schweiger/Zacher/*Zacher* Art. 120 BV Rn. 17.

567 *Meder* Art. 101 BV Rn. 1 m.N.; BayVerfGH NJW 1993, 518 ff.

568 Soll heißen: Der Beschwerdeführer legt diesen Verstoß plausibel dar!

569 Vgl. dazu *S. Schmidt* BayVBl. 1992, 742 ff.; *Sprenger* BayVBl. 1992, 746 ff.; BayVerfGH BayVBl. 1992, 750 f.

570 Vgl. *Meder* Art. 120 BV Rn. 17 ff.; *Pestalozza* S. 436 ff.; BayVerfGH NVwZ 1994, 993 ff.; NVwZ 1995, 263 f.

und Wiedereinsetzungsantrag; »Gegenvorstellungen«[571] dann, wenn sie nach der Praxis des Gerichts Erfolg versprechen.[572]

407 Ausnahmen vom Gebot der Rechtswegerschöpfung:

408 aa) Eine Vorabentscheidung, wie in § 90 II 2 BVerfGG vorgesehen, gibt es im BayVerfGHG nicht.

409 bb) Unverschuldeter Irrtum (vgl. oben Rdn. 330 ff.): Legt der Beschwerdeführer einen an sich möglichen (statthaften) Rechtsbehelf[573] nicht ein, weil er ohne Verschulden (z.B. aufgrund fehlerhafter Rechtsauskunft einer kompetenten Stelle) geglaubt hat, er sei nicht zulässig, so steht die dadurch bedingte Nichterschöpfung des Rechtswegs der Zulässigkeit seiner Verfassungsbeschwerde nicht im Wege.[574]

410 cc) Unzumutbarkeit: Ist die Erschöpfung des Rechtswegs (vor Erhebung der Verfassungsbeschwerde) dem Beschwerdeführer nicht zumutbar, so ist sie nicht erforderlich. Die Fallgestaltungen entsprechen grundsätzlich denen der Verfassungsbeschwerde nach Bundesrecht (oben Rdn. 322 ff.), d.h. unzumutbar ist die Einlegung von Rechtsmitteln, die nach ständiger Rechtsprechung aussichtslos sind. Zweifelhafte Erfolgsaussichten führen nicht zur Unzumutbarkeit.[575]

411 Aus dem Aufbau der Instanzen ergibt sich eine wichtige Besonderheit: Führt der Instanzenzug zu einem Bundesgericht, so kann Art. 51 II 1 BayVerfGH zur Unmöglichkeit der Verfassungsbeschwerde zum BayVerfGH führen.[576]

- Vor Ausschöpfung auch der letzten Instanz ist der Rechtsweg nicht erschöpft, die Verfassungsbeschwerde also unzulässig.
- Erschöpft der Beschwerdeführer den Rechtsweg und entscheidet ein Bundesgericht instanzabschließend (etwa: BGH, BVerwG als Revisionsgericht), so kann diese Entscheidung vom BayVerfGH nicht überprüft werden. Sie steht auch einer Überprüfung der im Instanzenzug vorausgegangenen Entscheidungen bayerischer Gerichte entgegen, wenn das Bundesgericht *in der Sache* entscheidet (vgl. oben Rdn. 396 f.).

---

571 Dazu *Thomas/Putzo* Vorbem. vor § 567 ZPO Rn. 13–17. Die Gegenvorstellung ist in aller Regel nicht Gegenstand der Universitätsausbildung, also auch nicht der Prüfungen.

572 *Meder* (Art. 120 BV Rn. 19, 24) ordnet (u.a.) Gegenvorstellungen nicht dem Rechtsweg zu, sondern begründet ihre Notwendigkeit mit einem übergeordneten Grundsatz der Subsidiarität der Verfassungsbeschwerde (den er Art. 51 II, III BayVerfGHG entnimmt). Diese Unterscheidung ist dogmatisch sicher richtig und mag sich auch auf Äußerungen des BayVerfGH stützen lassen (in der Tat argumentieren BayVerfGH und BVerfG häufig mit der »Subsidiarität der Verfassungsbeschwerde«). Da jedoch das Gebot der Rechtswegerschöpfung jedenfalls Ausdruck dieses Prinzips ist, ist es im Ergebnis unerheblich, ob man den Begriff »Rechtsweg« entsprechend weit auslegt oder ihn einschränkend interpretiert, das (dann) darüber hinaus gehende Gebot, »alles Zumutbare zu tun, um die Grundrechtsverletzung ohne Inanspruchnahme des Verfassungsgerichts abzuwehren«, aber dem Grundsatz der »Subsidiarität« entnimmt. Im Normalfall der Universitätsklausur sind derart feinsinnige Erörterungen jedenfalls nicht angebracht, zumal Gegenvorstellungen dort ohnehin kaum eine Rolle spielen.

573 Im weitesten Sinne, entsprechend oben Rdn. 406.

574 *Meder* Art. 120 BV Rn. 18.

575 *Meder* Art. 120 BV Rn. 20; BayVerfGHE n.F. 44, 28 (30).

576 Vgl. *Schumann* S. 149 (202 ff.).

Daraus ergibt sich ein besonderer Fall der Unzumutbarkeit der Rechtswegerschöpfung.[577] Kann der Beschwerdeführer eine Grundrechtsverletzung auch vor dem jeweiligen Bundesgericht rügen, so ist ihm die Erschöpfung des Rechtsweges zuzumuten (die Verfassungsbeschwerde zum BayVerfGH ist dann ausgeschlossen); das gilt (da vor Bundesgerichten ein Verstoß gegen die BV nicht gerügt werden kann, vgl. § 137 I VwGO), wenn jedenfalls »inhaltlich« dasselbe Grundrecht auch dem Bundesgericht als Prüfungsmaßstab zur Verfügung steht, also ein entsprechendes Grundrecht im GG enthalten ist (z.B.: Verfassungsbeschwerde zum BayVerfGH wegen Verletzung des Art. 103 I BV (Eigentum) – Revision kann auf Verletzung des Art. 14 GG gestützt werden, die Rechtswegerschöpfung (Revisionseinlegung) ist zumutbar). **412**

Anders, wenn die behauptete Grundrechtsverletzung in der Revisionsinstanz nicht beseitigt werden kann (weil das GG/Bundesrecht kein entsprechendes [Grund-] Recht enthält – z.B. Art. 141 III 1 BV [Recht auf Naturgenuss].[578] Eine [nur] auf eine Verletzung dieses Rechts gestützte Revision hätte keinerlei Aussicht auf Erfolg [§ 137 I VwGO], sie braucht daher nicht eingelegt zu werden.). In diesem Fall ist die (weitere) Erschöpfung des Rechtswegs unzumutbar, die Verfassungsbeschwerde ist bereits gegen die Entscheidung der *letzten*[579] *bayerischen* Instanz möglich. **413**

e) Abhilfeverfahren

Ist die Verfassungsbeschwerde gegen eine Maßnahme einer weisungsgebundenen (grds. alle staatlichen Behörden einschl. Staatsanwaltschaft; nicht: z.B. Gerichte)[580] staatlichen (bayerischen!) Behörde gerichtet und **414**

- ein Rechtsweg nicht zulässig (wegen Art. 19 IV GG die Ausnahme!),[581] oder
- die Beschreitung des Rechtswegs unzumutbar,[582]

so muss der Beschwerdeführer vor Erhebung der Verfassungsbeschwerde fristgerecht einen Abhilfeantrag an das zuständige Ministerium richten (Art. 51 III BayVerfGHG). Das Abhilfeverfahren braucht bei Einlegung der Verfassungsbeschwerde aber noch nicht abgeschlossen zu sein.[583]

Auch das Abhilfeverfahren kann wegen Unzumutbarkeit entfallen, z.B. weil die beanstandete Maßnahme auf konkrete Weisung des Ministeriums ergangen ist und ein Abhilfeantrag daher keine Erfolgsaussichten hat.[584] **415**

f) Frist

aa) Eine Verfassungsbeschwerde gegen eine Gerichtsentscheidung ist spätestens zwei Monate nach der schriftlichen Bekanntgabe der vollständigen Entscheidung an den Beschwerdeführer zu erheben (Art. 51 II 2, 51 V Nr. 2 BayVerfGHG). **416**

577 *Pestalozza* S. 437.
578 Vgl. BayVerfGHE n.F. 28, 181 ff.
579 Die Unzumutbarkeit dispensiert in diesem Fall nicht völlig vom Gebot der Rechtswegerschöpfung: Solange der Rechtsweg zu bayerischen Gerichten führt (denen Art. 141 III 1 BV als Prüfungsmaßstab zur Verfügung steht), ist er auch auszuschöpfen!
580 *Meder* Art. 120 BV Rn. 21.
581 Zu möglichen Fällen *Pestalozza* S. 437 m.N.
582 *Meder* Art. 120 BV Rn. 21.
583 Siehe Art. 51 IV BayVerfGHG!
584 *Meder* Art. 120 BV Rn. 22.

417 bb) Im Abhilfeverfahren ist zu unterscheiden:

418 (1) Die Frist für den Abhilfeantrag beträgt einen Monat ab Kenntnis von der angegriffenen Maßnahme (Art. 51 III 1 BayVerfGHG).

419 (2) Die Frist für die (anschließende) Erhebung der Verfassungsbeschwerde beträgt,

- wenn der Abhilfeantrag (negativ) verbeschieden wird, zwei Monate »nach der Entscheidung« des Ministeriums oder der beauftragten Dienststelle (Art. 51 III 3 BayVerfGHG); damit dürfte der Zeitpunkt der Bekanntgabe des (Nicht-) Abhilfebescheids gemeint sein[585] (vgl. Art. 43 I BayVwVfG).
- wenn der Abhilfeantrag nicht verbeschieden wird, so tritt nach Ablauf von drei Monaten eine Ablehnungsfiktion ein (Art. 51 III 2 BayVerfGHG). Die Zwei-Monats-Frist für die Einlegung der Verfassungsbeschwerde läuft ab Eintritt dieser Fiktion (Art. 51 III 3 BayVerfGHG). Erhält der Beschwerdeführer (später) doch noch einen Abhilfebescheid, so läuft eine neue Zwei-Monats-Frist.[586]

420 cc) Ist sowohl der Rechtsweg als auch das Abhilfeverfahren unzulässig oder unzumutbar, so beträgt die Frist für die Erhebung der Verfassungsbeschwerde[587]

- gegen eine Maßnahme einer Behörde: zwei Monate ab Kenntnisnahme, Art. 51 V Nr. 1 BayVerfGHG;
- gegen das Unterlassen einer bei einer Behörde beantragten Handlung oder einer bei Gericht beantragten Einzelhandlung: sechs Monate ab Antragstellung, Art. 51 V Nr. 3 BayVerfGHG;
- gegen Verschleppung eines Rechtsstreits durch ein Gericht: Es läuft keine Frist, Verwirkung ist aber möglich (kommt ab ca. einem Jahr in Betracht).

421 Die Berechnung der Fristen erfolgt nach Art. 17 I BayVerfGHG i.V.m. §§ 187 ff. BGB. Eine Wiedereinsetzung ist gem. Art. 17 II–IV BayVerfGHG möglich.

g) Form

422 Die Verfassungsbeschwerde ist schriftlich zu erheben und zu begründen (die Begründung muss innerhalb der Frist erfolgen!), Art. 14 I 1, 51 I 1 BayVerfGHG.

423 Abweichend vom BVerfG verlangt der BayVerfGH grundsätzlich eigenhändige handschriftliche Unterzeichnung durch den Beschwerdeführer oder seinen Prozessvertreter, lässt aber dennoch die Einlegung durch ein (auch telefonisch aufgegebenes) Telegramm, Telefax, Telebrief oder Fernschreiben genügen.[588]

2. Verfahren

424 Ein Annahmeverfahren gibt es in Bayern nicht, eine mündliche Verhandlung (auch nach dem Gesetz nur ausnahmsweise) auf Anordnung des BayVerfGH oder seines Präsidenten (Art. 53 I BayVerfGHG).

425 Soweit der BayVerfGH Normen incidenter überprüft, ist Art. 3 III BayVerfGHG bzw. Art. 100 I GG zu beachten!

585 Vgl. *Meder* Art. 120 BV Rn. 27.
586 *Pestalozza* S. 439 m.N.
587 *Meder* Art. 120 BV Rn. 28, 30.
588 *Meder* Art. 120 BV Rn. 31 m.N.; BayVerfGH BayVBl. 1993, 77 (79).

3. Entscheidung

a) Maßstab

Der BayVerfGH sieht sich an die gestellten Anträge gebunden und beschränkt daher seine Prüfung (im Gegensatz zur Popularklage! Vgl. oben Rdn. 156 ff.) auf die fristgerecht vom Beschwerdeführer gerügten (als verletzt bezeichneten) verfassungsmäßigen Rechte.[589] 426

b) Inhalt[590]

Ist die Verfassungsbeschwerde begründet, so stellt der BayVerfGH fest, welche Maßnahme welches Recht des Beschwerdeführers verletzt hat (Art. 54 S. 1 BayVerfGHG). Daneben hebt der BayVerfGH die angegriffene Gerichts- oder/und[591] Verwaltungsentscheidung (VA) auf (ggf. teilweise). 427

Da eine Norm nicht Beschwerdegegenstand sein kann (oben Rdn. 392), kommt eine Nichtig- bzw. Verfassungswidrigerklärung einer Norm nur in der (getrennten) Entscheidung gem. Art. 3 III BayVerfGHG bzw. Art. 100 I GG in Betracht.[592] 428

c) Wirkung

Die Entscheidung hat Bindungswirkung gem. Art. 29 I BayVerfGHG. 429

4. Verhältnis zur Verfassungsbeschwerde zum BVerfG

Verfassungsbeschwerden zum BVerfG und zum BayVerfGH können nebeneinander oder nacheinander anhängig sein, da beide Gerichte unterschiedliche Prüfungsmaßstäbe anlegen. Hat allerdings eine von beiden (in vollem Umfang) Erfolg, so dürfte i.d.R. das Rechtsschutzbedürfnis für das verbleibende Verfahren entfallen,[593] da der Verfahrensgegenstand entfällt (Beispiel: Das BVerfG hebt auf Verfassungsbeschwerde des A ein Gerichtsurteil auf/erklärt eine Norm für nichtig. Eine dann noch anhängige/danach erhobene Verfassungsbeschwerde des A zum BayVerfGH gegen dieses Urteil/Popularklage gegen diese Norm wird unzulässig, da kein Verfahrensgegenstand mehr vorhanden ist – vgl. oben Rdn. 108 ff.). 430

589 *Meder* Art. 120 BV Rn. 1, 32 m.N. Auf diese sollte man sich auch in Klausuren konzentrieren. Soweit der Sachverhalt jedoch Anhaltspunkte zur Prüfung objektiven Rechts oder nicht (fristgerecht) gerügter verfassungsmäßiger Rechte enthält, empfiehlt es sich, die Prüfung darauf zu erstrecken; es muss sich dann aber die Prüfung anschließen, ob sich aus dem Ergebnis dieser Prüfung *zugleich* (vgl. oben Rdn. 400) ein Verstoß gegen fristgerecht gerügte verfassungsmäßige Rechte des Beschwerdeführers ergibt – nur dann ist die Verfassungsbeschwerde begründet!

590 *Meder* Art. 120 BV Rn. 34 ff.; *Pestalozza* S. 440 f.

591 Soweit zulässigerweise beides Beschwerdegegenstand war; oben Rdn. 390 ff.

592 In einer Klausur sollte die Notwendigkeit dieses Zwischenverfahrens bei Inzidentkontrolle von Normen ggf. erwähnt werden, mit dieser Begründung aber nicht die Prüfung ausgespart werden: Beide Vorschriften setzen voraus, dass der für die Verfassungsbeschwerde zuständige Senat die Norm zunächst selbst prüft; nur wenn er sie für verfassungswidrig hält, kommt es zu einem Zwischenverfahren. Im Ergebnis wiederum ist die Verfassungsbeschwerde (wegen Verletzung jedenfalls des Art. 101 BV) *begründet*, wenn die angegriffene Maßnahme auf einer verfassungswidrigen Norm beruht. In der *Zulässigkeitsprüfung findet kein Zwischenverfahren* statt; soweit es dort darauf ankommt, ob eine Norm (möglicherweise) verfassungswidrig ist, hat darüber der für die Verfassungsbeschwerde zuständige Senat selbst zu befinden!

593 *Pestalozza* S. 439.

5. Prüfungsschema[594]

431 I. Zulässigkeit
1. Zuständigkeit des BayVerfGH
   - Art. 66, 120 BV, Art. 2 Nr. 6 BayVerfGHG.
2. Antragsberechtigung, Art. 120 BV
   - »Bewohner Bayerns« (jeder, der eine dauernde örtliche Beziehung zum bayerischen Staatsgebiet hat/gegen seinen Willen darin festgehalten wird);
   - alle Deutschen (Art. 33 I GG);
   - Juristische Personen mit Sitz in Bayern;
   - nichtrechtsfähige Personenvereinigungen mit Sitz in Bayern, soweit ihnen eigene Rechte zustehen.
3. Beschwerdegegenstand, Art. 120 BV, 51 I 1, 2 BayVerfGHG
   - öffentlich-rechtliche Maßnahmen oder Unterlassungen bayerischer Behörden (Art. 120 BV, 51 I 1 BayVerfGHG) einschl. Gerichtsentscheidungen (Art. 51 I 2 BayVerfGHG);
   - nicht: Normen!
4. Beschwerdebefugnis, Art. 120 BV, 51 I 1 BayVerfGHG
   - selbst, gegenwärtig und unmittelbar betroffen;
   - mögliche Verletzung mindestens eines[595] subjektiven Rechtes aus der BV.
5. Rechtswegerschöpfung, Art. 51 II 1 BayVerfGHG
   - alle zulässigen Rechtsbehelfe müssen ausgeschöpft sein (außer: Anrufung des BVerfG); Ausnahmen: Unzumutbarkeit, nicht vorhaltbarer Irrtum;
   - oder: Abhilfeverfahren (nur gegen Maßnahmen staatlicher Behörden, wenn kein Rechtsweg zu beschreiten ist).
6. Frist: grds. 2 Monate ab Bekanntgabe der letztinstanzl. Entscheidung bzw. des Abhilfebescheids, Art. 51 II 2, III, V BayVerfGHG.
7. Form: schriftlich mit Begründung, Art. 14 I 1, 51 I 1 BayVerfGHG.

II. Begründetheit
Verstößt die angegriffene Maßnahme/Unterlassung gegen ein (fristgerecht gerügtes) verfassungsmäßiges Recht des Beschwerdeführers aus der BV? Beruht sie auf einer verfassungswidrigen Norm?

H. Föderative Streitigkeiten

I. Bund-Länder-Streit nach Art. 93 I Nr. 3 GG i.V.m. § 13 Nr. 7 BVerfGG[596]

432 Der Bund-Länder-Streit ist in §§ 68–70 BVerfGG geregelt; § 69 BVerfGG verweist auf die §§ 64–67 BVerfGG aus dem Recht des Organstreitverfahrens (dazu oben Rdn. 48 ff.).

1. Zulässigkeitsvoraussetzungen

a) Antragsberechtigung

433 Antragsteller und Antragsgegner können nur sein (§ 68 BVerfGG):
- die Bundesregierung für den Bund,
- eine Landesregierung für das (jeweilige) Land.

594 Das Prüfungsschema entspricht weitgehend dem bundesrechtlichen. Vgl. oben Rdn. 374 und die Anmerkungen dort!

595 Klausur: alle möglicherweise einschlägigen Rechte prüfen!

596 Dazu *Benda/Klein* Rn. 1054 ff.; *Leisner* S. 260 ff.; *Pestalozza* S. 130 ff.; *Schlaich/Korioth* Rn. 98 ff.; *Robbers* S. 670 ff. (mit Fallbeispielen). Das Verfahren ist gelegentlich Gegenstand von Klausuren, ähnelt jedoch stark dem Organstreitverfahren und sollte daher keine großen Probleme bereiten.

Partei (Beteiligter; vgl. oben Rdn. 47) ist jeweils der Bund bzw. das Land; die Regierung tritt als Vertreter auf.[597] Jedenfalls häufigster Fall ist dabei ein Streit zwischen dem Bund und einem Land; auch ein Streit zwischen Ländern kommt jedoch in Betracht.[598] 434

b) Verfahrensgegenstand (Streitgegenstand)

Verfahrensgegenstand (§ 69 i.V.m. § 64 BVerfGG) können nur Rechte und Pflichten aus dem GG sein (einschl. ungeschriebener Verfassungsrechtssätze); häufigste Beispiele sind Rechte und Pflichten aus Art. 83, 84 GG, dem Grundsatz der Bundestreue oder aus der Kompetenzverteilung.[599] Auch Streitigkeiten über Umfang und Verbindlichkeit einer Weisung i.S.d. Art. 85 III GG können nur im Bund-Länder-Streit geltend gemacht werden.[600] Trotz des Begriffs »Meinungsverschiedenheit« kann Verfahrensgegenstand nur eine konkrete, rechtserhebliche Maßnahme (auch ein Gesetz) oder Unterlassung sein[601] (vgl. oben Rdn. 55 ff.), zur Klärung abstrakter Rechtsfragen dient das Verfahren nicht. 435

c) Antragsbefugnis

Der Antragsteller muss eine Verletzung oder unmittelbare Gefährdung eigener Rechte aus dem GG (vgl. oben Rdn. 58) geltend machen (plausibel darlegen; vgl. oben Rdn. 61). Diese Einengung der Antragsbefugnis durch §§ 69, 64 I BVerfGG gegenüber dem weiten Begriff »Meinungsverschiedenheiten« in Art. 93 I Nr. 3 GG entspricht dem Sinn und Zweck des Verfahrens sowie der Funktion des BVerfG als Gericht (oben Rdn. 2 ff.); ihre Verfassungsmäßigkeit wird daher kaum angezweifelt.[602] 436

d) Vorverfahren

Ein »Vorverfahren«[603] gibt es (nur) in den Fällen der Bundesaufsicht: Wenn ein Land Bundesgesetze (angeblich) nicht ordnungsgemäß *ausführt*, muss zunächst eine Entscheidung des Bundesrates herbeigeführt werden (Art. 84 IV 1 GG). Erst gegen dessen Beschluss kann das BVerfG angerufen werden (Art. 84 IV 2 GG), vorher ist ein Bund-Länder-Streit unzulässig (dies ergibt sich aus § 70 BVerfGG).[604] 437

Soweit es nicht um die Ausführung von Bundesgesetzen durch die Länder i.S.d. Art. 83, 84 GG geht, ist ein solches Vorverfahren weder notwendig noch möglich.[605] 438

e) Form und Frist

Der Antrag ist schriftlich einzureichen (§ 23 I 1 BVerfGG) und zu begründen (§§ 23 I 2, 69 i.V.m. 64 BVerfGG), entsprechend dem Antrag im Organstreitverfahren (oben Rdn. 64). 439

597 *Benda/Klein* Rn. 1059 f. m.N.; *Leisner* S. 262 f.; a.A. (Beteiligte sind Regierungen, die als Prozessstandschafter auftreten) *Degenhart* Rn. 758; w.N. bei *Benda/Klein* Rn. 1059 f. m.N.
598 *Stern* S. 998 m.N.; *Degenhart* Rn. 757.
599 *Schlaich/Korioth* Rn. 100 f.
600 BVerfG BayVBl. 1992, 720 ff.
601 *Benda/Klein* Rn. 1069; *Degenhart* Rn. 759; *Schlaich/Korioth* Rn. 99 f.
602 Vgl. *Pestalozza* S. 134 f.
603 *Pestalozza* S. 138 ff.
604 Maunz/Schmidt-Bleibtreu/Klein/Bethge/*Bethge* § 70 Rn. 12.
605 *Leisner* S. 271 f.

440 Die Frist beträgt,

- wenn ein Vorverfahren notwendig ist, einen Monat ab Beschlussfassung des Bundesrates (§ 70 BVerfGG);
- wenn ein Vorverfahren nicht notwendig ist, sechs Monate ab Bekanntwerden der Maßnahme oder Unterlassung, entsprechend der Regelung im Organstreitverfahren (§§ 69, 64 III BVerfGG, dazu oben Rdn. 65 f.); d.h. bei Gesetzen als Verfahrensgegenstand: grundsätzlich ab deren Verkündung.[606]

2. Entscheidung

441 Das BVerfG prüft den Verfahrensgegenstand am Maßstab des GG und stellt – wie im Organstreitverfahren – ggf. den Verstoß fest (§§ 69, 67 BVerfGG; vgl. oben Rdn. 69). Eine Aufhebung der angegriffenen Maßnahme erfolgt nicht. Ist ein Vorverfahren vorausgegangen, so wird jedoch ggf. der Beschluss des Bundesrates (i.S.d. Art. 84 IV 1 GG) aufgehoben.[607]

II. Streitigkeiten nach Art. 93 I Nr. 4 GG i.V.m. §§ 13 Nr. 8, 71 I Nr. 1, 72 I BVerfGG

1. Streitigkeiten zwischen Bund und Land

442 Verfassungsrechtliche Streitigkeiten zwischen Bund und Land erfasst Art. 93 I Nr. 3 GG; unter Nr. 4 (1. Alt.) können daher nur öffentlich-rechtliche Streitigkeiten nichtverfassungsrechtlicher Art (vgl. § 40 I VwGO!) fallen.[608] Dafür ist das BVerfG zuständig, »soweit nicht ein anderer Rechtsweg gegeben ist«; das ist jedoch in aller Regel der Fall, denn »für öffentlich-rechtliche Streitigkeiten nichtverfassungsrechtlicher Art zwischen dem Bund und den Ländern« ist das BVerwG (§§ 40, 50 I Nr. 1 VwGO) oder das BSG (§§ 51, 39 II SGG) zuständig.[609] Auch auf diesem Wege kann freilich ein Bund-Länder-Streit zum BVerfG gelangen: Wird ein Streit zwischen Bund und Land beim BVerwG/BSG anhängig und hält dieses den Streit für verfassungsrechtlich, so legt es die Sache dem BVerfG vor (§ 50 III VwGO bzw. § 39 II SGG).[610]

2. Streitigkeiten zwischen Ländern

443 a) Das BVerfG ist grundsätzlich für verfassungsrechtliche *und* sonstige öffentlich-rechtliche Streitigkeiten zwischen Ländern zuständig; das Wort »andere« in Art. 93 I Nr. 4 GG bezieht sich nur auf Streitigkeiten zwischen dem Bund und einem Land.[611]

444 Für Streitigkeiten nichtverfassungsrechtlicher Art ist jedoch auch insoweit das BVerwG zuständig (§§ 40, 50 I Nr. 1 VwGO) und damit »ein anderer Rechtsweg gegeben«. Für die Zuständigkeit des BVerfG verbleiben nur verfassungsrechtliche Streitigkeiten zwischen Ländern.[612]

606 Vgl. hierzu Maunz/Schmidt-Bleibtreu/Klein/Bethge/*Bethge* § 64 Rn. 132.
607 *Benda/Klein* Rn. 1087.
608 *Schlaich/Korioth* Rn. 106.
609 *Benda/Klein* Rn. 1094.
610 Dazu *Pestalozza* S. 142.
611 *Benda/Klein* Rn. 1100; *Schlaich/Korioth* Rn. 107; *Stern* S. 1003.
612 *Benda/Klein* Rn. 1100 ff.; *Schlaich/Korioth* Rn. 107.

In Betracht kommen hier in erster Linie Streitigkeiten aus Staatsverträgen zwischen den Ländern; ob ein solcher Vertrag privatrechtlicher, verfassungsrechtlicher oder verwaltungsrechtlicher Natur ist, kann nur im Einzelfall durch Auslegung ermittelt werden. 445

b) Antragsteller und Antragsgegner ist jeweils eine Landesregierung (§ 71 I Nr. 2 BVerfGG); Parteien des Rechtsstreits sind aber die Länder selbst.[613] Der Antrag muss schriftlich (§ 23 I BVerfGG) binnen sechs Monaten (§§ 71 II, 64 III BVerfGG) gestellt werden.[614] 446

Das Verfahren richtet sich jeweils nach dem Verfahrensgegenstand, besondere Vorschriften gibt es nicht (vgl. §§ 71, 72 BVerfGG, die nur Antragsberechtigung und Entscheidung regeln). Was als Verfahrensgegenstand in Betracht kommt, kann dem möglichen Entscheidungsinhalt, also § 72 I BVerfGG, entnommen werden. Aus dem Begriff »Streitigkeit« (Art. 93 I Nr. 4 GG) ergibt sich aber, dass es um konkrete Rechte und Pflichten gehen muss.[615] 447

3. Streitigkeiten innerhalb eines Landes

Entgegen dem Wortlaut erfasst Art. 93 I Nr. 4, 3. Alt. GG nur *Organstreitverfahren* innerhalb eines Landes.[616] Vgl. dazu oben Rdn. 72 ff. 448

J. Verfassungsschutzverfahren

I. Verfahren vor dem Bundesverfassungsgericht

1. Anklage gegen den Bundespräsidenten[617]

Die Rechtsgrundlagen für die Präsidentenanklage finden sich in Art. 61, 93 I Nr. 5 GG, § 13 Nr. 4 BVerfGG, das Verfahren ist in §§ 49–57 BVerfGG näher geregelt. 449

Antragsberechtigt sind Bundestag und Bundesrat. Ein Viertel der *Mitglieder* (§ 1 I 1 BWG) des Bundestages bzw. der Stimmen des Bundesrates (Art. 51 GG) muss die Anklageerhebung beantragen (Art. 61 I 2 GG); der Bundestag/Bundesrat muss sie mit einer Zwei-Drittel-Mehrheit der Mitglieder/Stimmen (Art. 61 I 3 GG) beschließen. Wird ein solcher Beschluss gefasst, so erstellt der Präsident des jeweiligen Organs (Bundestag oder Bundesrat) eine Anklageschrift (§ 49 II BVerfGG). Der Mindestinhalt dieser Anklageschrift ist in § 49 II BVerfGG festgelegt. Ein subjektiv motiviertes Rechtsschutzinteresse (eigene Betroffenheit, »Antragsbefugnis«) ist nicht erforderlich, da das Verfahren eine objektive Zielsetzung hat. 450

Die Frist für die Erhebung der Anklage (Einreichung der Anklageschrift beim BVerfG (§ 49 I BVerfGG)) beträgt drei Monate ab Kenntnis des maßgeblichen Sach- 451

613 *Benda/Klein* Rn. 1103 ff. Zur Rspr. vgl. *Stern* S. 1003.
614 Vgl. oben Rdn. 434; *Benda/Klein* Rn. 1108.
615 Vgl. oben Rdn. 435.
616 *Benda/Klein* Rn. 1112 ff.; *Pestalozza* S. 148; *Schlaich/Korioth* Rn. 108.
617 *Robbers* JuS 1994, 854 (855; mit Fallbeispielen); *Kornbichler/Polster/Tiede/Urabl* S. 279. Ein solches Verfahren ist bislang nicht durchgeführt worden (vgl. *Benda/Klein* Rn. 1161 ff.). Seine Prüfungsrelevanz ist nicht zuletzt deshalb eher gering einzustufen; zumindest werden vom Studenten nicht mehr als Grundkenntnisse erwartet.

verhalts (§ 50 BVerfGG). Die in § 49 II BVerfGG vorgesehene Monatsfrist ist keine Zulässigkeitsvoraussetzung,[618] statuiert aber wohl eine Pflicht des Präsidenten, die notfalls im Wege der Organklage durchgesetzt werden kann.

452 Nach Anklageerhebung kann sich der Bundespräsident dem Verfahren nicht mehr durch Rücktritt entziehen (§ 51 BVerfGG); der Antragsteller (Bundestag/Bundesrat) kann die Anklage jedoch zurücknehmen (§ 52 I 1 BVerfGG; zu diesem Beschluss ist nur die einfache Mehrheit der Mitglieder/Stimmen erforderlich, § 52 I 2 BVerfGG), wenn der Bundespräsident nicht widerspricht (§ 52 III BVerfGG).

453 Das BVerfG *kann* eine Voruntersuchung anordnen, auf Antrag muss sie durchgeführt werden (§ 54 BVerfGG).

454 Eine mündliche Verhandlung muss immer stattfinden (§ 55 I BVerfGG), auf sie kann nicht nach § 25 I BVerfGG verzichtet werden. Der Ablauf der mündlichen Verhandlung ist in § 55 II–VI BVerfGG geregelt, ergänzend sind §§ 17 ff. BVerfGG heranzuziehen.[619]

455 In der Entscheidung (Urteil, vgl. § 25 II BVerfGG) stellt das BVerfG fest, ob der Bundespräsident einer vorsätzlichen Verletzung des GG oder eines Bundesgesetzes schuldig ist (§ 56 I BVerfGG). Im Falle der Verurteilung kann es ihn seines Amtes für verlustig erklären (§ 56 II BVerfGG).

456 Grundlage einer Verurteilung kann dabei nur eine Rechtsverletzung *im Amt* sein.[620] Eine verurteilende Entscheidung des Senats bedarf einer Zwei-Drittel-Mehrheit der *Mitglieder* des Senats (§ 15 IV 1 BVerfGG).

2. Richteranklage[621]

457 Die Rechtsgrundlagen für die Richteranklage finden sich in Art. 98 II, V, 93 I Nr. 5 GG, § 13 Nr. 9 BVerfGG, das Verfahren ist in §§ 58–62 BVerfGG näher geregelt. Es entspricht im Wesentlichen dem Verfahren der Präsidentenanklage.

458 Antragsberechtigt ist nur der Bundestag (Art. 98 II GG), soweit sich die Anklage gegen einen Bundesrichter richtet. Für Anklagen gegen Landesrichter liegt die Antragsberechtigung beim Landtag; dies setzt jedoch eine landesrechtliche Regelung i.S.d. Art. 98 V 1 GG voraus.[622] Ein subjektiv motiviertes Rechtsschutzinteresse (eigene Betroffenheit, »Antragsbefugnis«) ist nicht erforderlich, da das Verfahren ebenfalls eine objektive Zielsetzung hat. Eine Frist ist nicht vorgesehen.

459 Hat ein (Bundes-) Richter im Amte *oder außerhalb des Amtes* (Art. 98 II 1 GG) gegen die Grundsätze des GG oder die verfassungsmäßige Ordnung eines Landes verstoßen, so kann er in ein anderes Amt oder in den Ruhestand versetzt, bei einem vorsätzlichen Verstoß auch entlassen werden (Art. 98 II GG). Diese Entscheidung muss der zuständige Senat mit Zwei-Drittel-Mehrheit seiner Mitglieder fassen.[623]

618 Maunz/Schmidt-Bleibtreu/Klein/Bethge/*Maunz* § 49 Rn. 9.
619 Dazu näher Maunz/Schmidt-Bleibtreu/Klein/Bethge/*Maunz* § 55 Rn. 2 f.
620 *Pestalozza* S. 93.
621 *Robbers* JuS 1994, 854 (855; mit Fallbeispielen); *Kornbichler/Polster/Tiede/Urabl* S. 280.
622 Die es in Bayern nicht gibt, so dass eine Anklage gegen bayerische Landesrichter nicht möglich ist. Zu anderen Bundesländern siehe *Pestalozza* S. 94.
623 Art. 98 II 1 GG, § 15 IV 1 BVerfGG.

3. Grundrechtsverwirkung

Die Rechtsgrundlagen finden sich in Art. 18 S. 2, 93 I Nr. 5 GG, § 13 Nr. 1 BVerfGG, das Verfahren ist in §§ 36–41 BVerfGG näher geregelt.[624] 460

Antragsberechtigt sind Bundestag, Bundesregierung und jede[625] Landesregierung (§ 36 BVerfGG). Antragsgegner kann jeder Träger von Grundrechten (sinnvollerweise der in Art. 18 S. 1 GG genannten) sein, auch juristische Personen (vgl. § 39 II BVerfGG); bei Vereinigungen i.S.d. Art. 9 GG und bei politischen Parteien gehen jedoch die speziellen Vorschriften in Art. 9 II GG bzw. Art. 21 II GG vor.[626] Ein subjektiv motiviertes Rechtsschutzinteresse (eigene Betroffenheit, »Antragsbefugnis«) ist nicht erforderlich, da das Verfahren ebenfalls eine objektive Zielsetzung hat. Eine Frist ist nicht vorgesehen. 461

In einem Vorverfahren wird zunächst die Zulässigkeit und hinreichende Begründung des Antrags geprüft (§ 37 BVerfGG). Daran kann sich eine Voruntersuchung anschließen (§ 38 II BVerfGG). In der Entscheidung (eine dem Antragsgegner nachteilige Entscheidung bedarf der Zwei-Drittel-Mehrheit, § 15 IV 1 BVerfGG) wird festgestellt, welche Grundrechte der Antragsgegner verwirkt hat (vgl. näher § 39 BVerfGG).[627] Die Entscheidung hat konstitutive Wirkung ex nunc,[628] d.h. die Verwirkung tritt erst mit der Entscheidung des BVerfG ein und wirkt nicht zurück. 462

4. Parteiverbot[629]

Die Rechtsgrundlagen für das Parteiverbotsverfahren finden sich in Art. 21 II 2, 93 I Nr. 5 GG, § 13 Nr. 2 BVerfGG, Verfahrensbestimmungen enthalten §§ 43–47 BVerfGG. 463

Antragsberechtigt sind Bundestag, Bundesrat und Bundesregierung (§ 43 I BVerfGG), eine Landesregierung nur gegen eine Partei, deren Organisation sich auf das Gebiet ihres Landes beschränkt (§ 43 II BVerfGG). Antragsgegner kann nur eine politische Partei i.S.v. Art. 21 GG und § 2 PartG[630] sein (auf andere politische Vereinigungen ist ggf. Art. 9 II GG anwendbar). Ein subjektiv motiviertes Rechtsschutzinteresse (eigene Betroffenheit, »Antragsbefugnis«) ist nicht erforderlich, da das Verfahren ebenfalls eine objektive Zielsetzung hat. Eine Frist ist nicht vorgesehen. 464

Das Verfahren ist nicht näher geregelt; § 45 BVerfGG ordnet lediglich ein »Vorverfahren« an. Die Notwendigkeit einer mündlichen Verhandlung bestimmt sich nach § 25 I BVerfGG. 465

---

624 Hierzu *Robbers* S. 854 f. (mit Fallbeispielen); *Kornbichler/Polster/Tiede/Urabl* S. 277 f. Das Verfahren war bislang nahezu bedeutungslos (vgl. *Benda/Klein* Rn. 1144 ff.).

625 Ob ein Bezug des Antragsgegners zu dem jeweiligen Land bestehen oder dieser gar seinen Wohnsitz dort haben muss, ist umstritten (vgl. hierzu *Benda/Klein* Rn. 1147; *Pestalozza* S. 68 f., jew. m.N.). Eine solche Einschränkung findet jedoch keine Stütze im geltenden Recht.

626 *Benda/Klein* Rn. 1148 m.N.

627 Dazu *Benda/Klein* Rn. 1151 ff.; *Pestalozza* S. 70 ff.

628 Maunz/Schmidt-Bleibtreu/Klein/Bethge/*Klein* § 39 Rn. 25 f.; *Benda/Klein* Rn. 1154; a.A. *Pestalozza* S. 71.

629 *Benda/Klein* Rn. 1130 ff.; *Pestalozza* S. 76 ff.; *Robbers* S. 854 (mit Fallbeispielen); *Kornbichler/Polster/Tiede/Urabl* S. 278 f.; instruktiv auch die in diesem Verfahren ergangenen Entscheidungen BVerfGE 2, 1 ff.; 5, 85 ff.; NVwZ 1996, 54 ff.

630 Näher *Pestalozza* S. 79 f.

466 Ist der Antrag begründet, so stellt das BVerfG in seiner Entscheidung fest, dass die Partei verfassungswidrig ist (§ 46 I BVerfGG). Diese Entscheidung muss der zuständige Senat mit Zwei-Drittel-Mehrheit seiner Mitglieder fassen (§ 15 IV 1 BVerfGG). Folgen der Entscheidung regeln § 46 III BVerfGG, §§ 32, 33 PartG, § 46 IV BWG, das BVerfG kann die Vollstreckung seiner Entscheidung jedoch teilweise abweichend regeln (§ 32 III PartG, § 35 BVerfGG).

467 Die Entscheidung des BVerfG ist, trotz ihres formal feststellenden Charakters, konstitutiv und wirkt ex nunc, denn aus dem »Parteienprivileg« (Art. 21 GG) folgt, dass niemand ohne vorausgegangene Entscheidung des BVerfG die (angebliche) Verfassungswidrigkeit einer Partei rechtlich gegen sie geltend machen darf, insbesondere ein administratives Einschreiten gegen den Bestand der Partei nicht zulässig ist.[631] Diesen Schutz genießen grundsätzlich auch Mitglieder und Anhänger der Partei.[632]

II. Bayern

1. Anklage gegen ein Mitglied der Staatsregierung[633]

468 Die Rechtsgrundlagen finden sich in Art. 59, 61 BV, 2 Nr. 1 BayVerfGHG, Verfahrensregelungen enthalten Art. 31–43 BayVerfGHG. Das Verfahren entspricht weitgehend dem der Anklage gegen den Bundespräsidenten (oben Rdn. 449 ff.).

469 Antragsberechtigt ist nur der Landtag (Art. 31 I BayVerfGHG, 61 IV 1 BV) oder jedes Mitglied der Staatsregierung gegen sich selbst. Der Beschluss des Landtages bedarf einer Zwei-Drittel-Mehrheit der gesetzlichen Mitglieder (Art. 61 IV 1 BV, 31 II 2 BayVerfGHG, 21 I 1 LWG). Angeklagt werden können der Ministerpräsident, ein Staatsminister oder ein Staatssekretär (vgl. Art. 43 II BV). Ein subjektiv motiviertes Rechtsschutzinteresse (eigene Betroffenheit, »Antragsbefugnis«) ist nicht erforderlich, da das Verfahren eine objektive Zielsetzung hat; eine Frist ist nicht vorgesehen.

470 Dem Verfahren kann sich der Anzuklagende nicht durch Rücktritt entziehen (Art. 32 BayVerfGHG); die Anklage kann jedoch zurückgenommen werden (im Landtag ist hierfür eine Zwei-Drittel-Mehrheit der gesetzlichen Mitglieder erforderlich), wenn der Angeklagte zustimmt (Art. 33 BayVerfGHG).

471 Eine Voruntersuchung kann (Art. 37 BayVerfGHG), eine mündliche Verhandlung muss durchgeführt werden (Art. 38 I 1 BayVerfGHG). Die Entscheidung enthält entweder einen Freispruch oder die Feststellung, dass der Angeklagte die Verfassung (BV!) oder ein Gesetz (bayerisches Landesgesetz) vorsätzlich verletzt hat (Art. 40 II BayVerfGHG; vgl. Art. 61 II BV).[634]

---

631 BVerfG NJW 2001, 2076 (2077); ausführlich Maunz/Schmidt-Bleibtreu/Klein/Bethge/*Klein* § 46 Rn. 14, 43 ff.

632 Maunz/Schmidt-Bleibtreu/Klein/Bethge/*Klein* § 46 Rn. 46; BVerfGE 12, 296 ff.

633 *Pestalozza* S. 414 f.

634 *Pestalozza* S. 414; *Freund* S. 307 (335).

2. Anklage gegen ein Mitglied des Landtages[635]

Die Rechtsgrundlagen finden sich in Art. 61 BV, 2 Nr. 1 BayVerfGHG, Verfahrensregelungen enthalten Art. 44 i.V.m. 31–43 BayVerfGHG. Das Verfahren entspricht dem der Anklage gegen ein Mitglied der Staatsregierung (oben Rdn. 468 ff.). **472**

Antragsberechtigt ist ebenfalls der Landtag oder jedes Mitglied des Landtags gegen sich selbst (Art. 61 IV BV). Angeklagt werden kann jeder Abgeordnete (vgl. Art. 13 I BV). Während des Verfahrens ruht die Mitgliedschaft (Art. 57 I Nr. 1 LWG). **473**

Die Entscheidung enthält einen Freispruch oder die Feststellung, dass der Abgeordnete eine der in Art. 61 III BV bezeichneten Pflichtverletzungen begangen hat. **474**

Ob der BayVerfGH daneben den Abgeordneten seines Sitzes für verlustig erklären kann, ist umstritten.[636] Im Gesetz ist eine solche Möglichkeit nicht vorgesehen (vgl. Art. 19, 61 BV, 56 LWG, 44, 40 BayVerfGHG); angesichts der staatsrechtlichen Stellung eines Abgeordneten[637] und der Bedeutung des freien Mandats für die Demokratie kann sie aber kaum ohne gesetzliche Grundlage angenommen werden. **475**

3. Anklage gegen Senatoren[638]

Die Anklage gegen Mitglieder des Senats vor dem BayVerfGH ermöglichten Art. 23 S. 4 SenG[639] i.V.m. Art. 61 III, IV, 67 BV, 2 Nr. 9 BayVerfGHG. Für das Verfahren galten die Regelungen der Anklage gegen Mitglieder des Landtages analog (Art. 45 I BayVerfGHG a.F.). **476**

4. Ausschluss von Wahlen und Abstimmungen[640]

Die Rechtsgrundlagen finden sich in Art. 15, 62 BV, 2 Nr. 2 BayVerfGHG, das Verfahren ist in Art. 46, 47 BayVerfGHG geregelt. Art. 15 BV ist jedoch wegen Widerspruchs gegen Art. 21 GG[641] (Art. 31 GG) und das dort statuierte Entscheidungsmonopol des BVerfG unwirksam, soweit er sich auf Parteien i.S.d. Art. 21 GG, § 2 PartG bezieht;[642] auch Art. 9 II GG und das VereinsG gehen dem Art. 15 BV vor (Art. 31 GG).[643] Das Verfahren kann daher kaum noch Bedeutung erlangen (bislang ist keine Entscheidung ergangen). **477**

---

635 *Pestalozza* S. 415.

636 *Meder* Art. 61 BV Rn. 3 m.N.: »Wenn das ... Verfahren sinnvoll sein soll, muss dem VerfGH das Recht zustehen ...«

637 Insbes. Art. 13 II BV.

638 *Pestalozza* S. 415. Art. 34–42 BV aufgehoben mit Wirkung vom 1.1.2000 durch Gesetz über die Abschaffung des Bayerischen Senates!

639 Gesetz über den Senat (aufgehoben mit Wirkung vom 1.1.2000 durch Gesetz über die Abschaffung des Bayerischen Senates).

640 *Pestalozza* S. 415 f.

641 Zu dessen (unmittelbarer) Geltung in den Ländern vgl. die Nachweise oben Fn. 123, 124, 130.

642 BayVerfGHE n.F. 11, 164 (180); *Meder* Art. 15 Rn. 1; *Pestalozza* S. 416.

643 *Pestalozza* S. 416 m.N.

K. Sonstige Verfahrensarten

I. Sonderzuweisungen

478 Grundsätzlich können dem BVerfG durch Bundesgesetz auch andere Streitigkeiten zugewiesen werden. So entschied nach § 52 II BBahnG[644] das BVerfG über »Meinungsverschiedenheiten zwischen der Bundesregierung und einem Land über die Auslegung dieses Abschnitts« (des 8. Abschnitts des BBahnG – §§ 43–52). Die Vorschrift schloss für diese verwaltungsrechtlichen (nichtverfassungsrechtlichen) Streitigkeiten den an sich eröffneten Verwaltungsrechtsweg aus; das BVerfG war damit zuständig gem. Art. 93 I Nr. 4 (1. Alt.) GG, § 13 Nr. 8 BVerfGG;[645] ein Verfahren wäre daher wohl in den Bahnen der Bund-Länder-Streitigkeit abgelaufen (§ 71 I Nr. 1, II BVerfGG). Zum Teil wurde § 52 II BBahnG auch als Zuweisung i.S.d. Art. 93 III GG, § 13 Nr. 15 BVerfGG gesehen.[646]

Das BBahnG wurde durch das Gesetz zur Neuordnung des Eisenbahnwesens (ENeuOG) vom 27. 12. 1993 aufgehoben.[647] Eine Sonderzuweisung enthält jedoch nunmehr § 36 II 1 PUAG.[648] Die Zuständigkeit des BVerfG ergibt sich insoweit aus § 13 Nr. 11a BVerfGG; das Verfahren verläuft analog der konkreten Normenkontrolle (§ 82a BVerfGG).

Eine weitere Sonderzuweisung enthält § 18 III PUAG.[649]

II. Bayern

1. Meinungsverschiedenheiten über Verfassungsänderungen

479 Der BayVerfGH entscheidet gem. Art. 75 III BV, 2 Nr. 8 BayVerfGHG über »Meinungsverschiedenheiten darüber, ob durch ein Gesetz die Verfassung geändert wird oder ob ein Antrag auf unzulässige Verfassungsänderung vorliegt«. Verfahrensvorschriften enthält Art. 49 BayVerfGHG, der auch Organstreitigkeiten regelt.

480 Der Kreis der Antragsberechtigten (und möglichen Antragsgegner) deckt sich daher mit dem im Organstreitverfahren (Art. 49 II BayVerfGHG, oben Rdn. 76).

481 Verfahrensgegenstand kann ein Gesetz, ein Gesetzesbeschluss oder ein Gesetzentwurf sein.[650] Der Antragsteller muss behaupten[651] (plausibel darlegen), das Gesetz

- verstoße gegen Art. 75 I 2 BV, oder
- ändere (inhaltlich) die Verfassung (BV), ohne das dafür vorgesehene Verfahren einzuhalten (v.a. Art. 75 II, IV BV); das ist gleichbedeutend mit der Behauptung, das Gesetz sei (ohne gleichzeitige Verfassungsänderung) verfassungswidrig.

---

644 Bundesbahngesetz.

645 Vgl. *Pestalozza* S. 143.

646 § 52 II BBahnG war allerdings bislang weder praxis- noch prüfungsrelevant.

647 Vgl. Gesetz zur Zusammenführung und Neugliederung der Bundeseisenbahnen (BENeuglG).

648 Sartorius I Nr. 6; vgl. hierzu *Hillgruber/Goos* Rn. 47, 69.

649 *Schlaich/Korioth* Rn. 97a.

650 In letzteren Fällen handelt es sich um eine (ausnahmsweise zulässige) »vorbeugende Normenkontrolle«.

651 Hierzu *Pestalozza* S. 422 ff.

Darüber muss bereits im Lauf des Gesetzgebungsverfahrens eine Meinungsverschiedenheit entstanden sein; der Antrag zum BayVerfGH kann aber auch noch nach Verkündung des Gesetzes gestellt werden.

Die weiteren Zulässigkeitsvoraussetzungen und das Verfahren entsprechen dem Organstreitverfahren (oben Rdn. 75 ff.), als dessen Unterfall der BayVerfGH den Antrag nach Art. 75 III BV sieht. **482**

2. Art. 2 Nr. 9 BayVerfGHG, Art. 67 BV

Auch im bayerischen Recht gibt es neben den hier ausführlicher dargestellten Verfahrensarten einige »durch Gesetz zugewiesene Fälle«; die Rechtsgrundlage hierfür ist Art. 67 BV (Art. 2 Nr. 9 BayVerfGHG). Zu nennen sind insbesondere[652] **483**

- Art. 64 I 1 LWG[653]
- Art. 73 V 2 LWG
- Art. 80 II 1 LWG.

Diese Verfahren werfen jedoch kaum Zulässigkeitsprobleme auf.

652 Vgl. auch *Pestalozza* S. 454 ff.
653 Vgl. hierzu BayVerfGHE n.F. 43, 35 ff. (Volksbegehren »Das bessere Müllkonzept«).

3. Kapitel. Vorläufiger Rechtsschutz[654]

Das Bundesverfassungsgericht kann – grundsätzlich in allen Verfahrensarten[655] – einstweilige Anordnungen erlassen (§ 32 BVerfGG, vgl. auch die Sonderregelungen in §§ 53, 58 I, 105 V BVerfGG und § 16 III WahlprüfG, Art. 61 II 2 GG). 484

Eine einstweilige Anordnung (e.A.) kann auf Antrag eines Beteiligten nach oder auch schon vor Anhängigkeit der Hauptsache ergehen; im letzteren Fall muss jedoch ein Hauptsacheverfahren zu erwarten sein.[656] 485

Ist die Hauptsache bereits anhängig, kann eine e.A. auch von Amts wegen[657] erlassen werden,[658] denn das Bundesverfassungsgericht ist an die gestellten Anträge nicht unbedingt gebunden (vgl. § 78 S. 2 BVerfGG). Der Erlass einer e.A. von Amts wegen vor Anhängigkeit der Hauptsache wäre jedoch ein Verstoß gegen das Antragsprinzip und mit der Rechtsstellung des Bundesverfassungsgerichts als Gericht unvereinbar (»wo kein Kläger, da kein Richter«); dies ist deshalb nicht möglich.[659] 486

A. Zulässigkeit des Antrags auf vorläufigen Rechtsschutz

I. Zuständigkeit in der Hauptsache

Ein Antrag auf Erlass einer e.A. ist nur zulässig, wenn das Bundesverfassungsgericht für die korrespondierende (anhängige oder zu erwartende – vgl. oben Rdn. 485 f.) Hauptsache – gem. Art. 93 GG, § 13 BVerfGG – zuständig ist. 487

II. Antragsberechtigung

Ist ein Antrag auf e.A. gestellt,[660] so ist – jedenfalls in der klausurmäßigen Fallbearbeitung – zunächst die Antragsberechtigung des Antragstellers zu prüfen. Sie entspricht der Antragsberechtigung im korrespondierenden Hauptsacheverfahren: Wer dort antragsberechtigt ist, ist es auch im e.A.-Verfahren.[661] Ist die Hauptsache bereits anhängig, so können auch Antragsgegner (soweit vorhanden, vgl. oben Rdn. 47) und wohl auch Beigetretene[662] (nicht: lediglich Äußerungsberechtigte) Antrag auf e.A. stellen. 488

654 *Robbers* JuS 1994, 1031 ff. (mit Fallbeispielen). Die Klausurrelevanz ist beschränkt.
655 *Benda/Klein* Rn. 1202.
656 *Benda/Klein* Rn. 1119; *Pestalozza* S. 247; *Erichsen* S. 170 (179); *Schlaich/Korioth* Rn. 463.
657 Darauf sollte in einer Klausur *niemals ohne konkrete Anhaltspunkte im Sachverhalt* eingegangen werden!
658 *Benda/Klein* Rn. 1195 m.N. zur Rspr. des BVerfG; a.A. *Erichsen* S. 178; *Pestalozza* S. 244 f.
659 *Benda/Klein* Rn. 1194; *Erichsen* S. 176 ff.; *Schlaich/Korioth* Rn. 463; *E. Klein* AöR 108 (1983), 410 (416 f.).
660 Bzw. ein beabsichtigter Antrag in einem Gutachten vorzubereiten.
661 *Schlaich/Korioth* Rn. 464.
662 *Benda/Klein* Rn. 196, 1201; *Erichsen* S. 180. Das Beitritts*recht* allein genügt nicht; ob in einem e.A.-Antrag zugleich eine (konkludente) Beitrittserklärung gesehen werden kann, ist im Einzelfall zu prüfen (zur Beitrittserklärung vgl. etwa Maunz/Schmidt-Bleibtreu/Klein/Bethge/*Bethge* § 65 Rn. 15 ff.; *Ulsamer* ebenda § 82 Rn. 6 f.).

489 Liegt ein Antrag eines Antragsberechtigten[663] nicht vor, so ist ggf.[664] weiter zu prüfen, ob der Erlass einer e.A. von Amts wegen in Betracht kommt. Voraussetzung ist ein bereits anhängiges Hauptsacheverfahren (oben Rdn. 486).

III. Rechtsschutzbedürfnis

490 Die e.A. darf inhaltlich nicht über das hinausgehen, was der Antragsteller im Hauptsacheverfahren erreichen könnte; sie darf die Hauptsacheentscheidung nicht vorwegnehmen (soweit dies nicht unvermeidbar oder durch eine besondere Interessenlage gerechtfertigt ist, insbes. ohne e.A. der Rechtsschutz des Antragstellers endgültig vereitelt würde) und die Hauptsache darf noch nicht entschieden/entscheidungsreif sein. Diese Voraussetzungen entsprechen denen zu § 940 ZPO und § 123 VwGO; ihre Einordnung in den Prüfungsaufbau ist hier wie dort unklar, überwiegend werden sie wohl zum Rechtsschutzbedürfnis gerechnet.[665]

491 Zur Unzulässigkeit des e.A.-Antrags wegen fehlenden Rechtsschutzbedürfnisses führt auch die *offensichtliche* Unzulässigkeit des Hauptsacheverfahrens. Zweifel an dessen Zulässigkeit stehen einer e.A. dagegen nicht entgegen.[666]

492 Eine e.A. ergeht auch dann nicht, wenn die Hauptsache *offensichtlich* unbegründet ist.[667] Für die klausurmäßige Fallbearbeitung sei hier empfohlen, auch diesen Punkt beim Rechtsschutzbedürfnis zu behandeln, obwohl er in der Literatur zum Teil der Begründetheitsprüfung zugerechnet wird.[668] Dies mag gute Argumente für sich haben; die Einordnung beim Rechtsschutzbedürfnis erlaubt aber die klarere Abgrenzung zur »summarischen Prüfung der Erfolgsaussichten der Hauptsache«, die im vorläufigen Verfahren vor den *Verwaltungsgerichten* i.R.d. Begründetheitsprüfung durchzuführen ist,[669] im Verfassungsprozess aber grundsätzlich unterbleibt (vgl. unten Rdn. 496).

IV. Form und Frist

493 Der Antrag ist schriftlich einzureichen und zu begründen (§ 23 I 1 BVerfGG). Eine besondere Frist gibt es nicht; allerdings wird die Versäumung der Frist in der Hauptsache regelmäßig zur offensichtlichen Unzulässigkeit des Hauptsacheverfahrens (oben Rdn. 491) führen.[670]

663 D.h.: Entweder kein Antrag oder ein Antrag eines nicht Antragsberechtigten!
664 Je nach Fallgestaltung; in der Klausur Bearbeitervermerk beachten!
665 *Pestalozza* S. 247 f.; *Erichsen* S. 182 f.; *Benda/Klein* Rn. 1206 ff.
666 *Benda/Klein* Rn. 1204; *Pestalozza* S. 246. Vgl. auch *Hillgruber/Goos* Rn. 808 ff.
667 St.Rspr., vgl. BVerfGE 79, 379 (383).
668 *Benda/Klein* Rn. 1205; wie hier *Pestalozza* S. 246; vgl. auch *Erichsen* S. 183, alle m.N. zur insoweit unklaren Rspr. des BVerfG.
669 *Kopp/Schenke* § 80 VwGO Rn. 158, § 123 VwGO Rn. 23 ff.
670 *Benda/Klein* Rn. 1211.

B. Begründetheit des Antrags

I. Dringlichkeit

Eine e.A. ergeht nur, wenn die Hauptsacheentscheidung zu spät käme, insbes. das Abwarten der Hauptsacheentscheidung dem Antragsteller nicht zuzumuten ist (etwa weil inzwischen irreversible schwere Nachteile – vgl. § 32 I BVerfGG – eintreten würden).[671] **494**

II. Abwägung

Weiterhin muss das Bundesverfassungsgericht »im Verfahren nach § 32 BVerfGG die Folgen abwägen, die eintreten würden, wenn eine einstweilige Anordnung nicht erginge, der Hauptsacheantrag aber Erfolg hätte, gegenüber den Nachteilen, die entstünden, wenn die begehrte einstweilige Anordnung erlassen würde, dem Hauptsacheantrag aber der Erfolg zu versagen wäre«.[672] In diese Abwägung sind alle im Einzelfall berührten Belange und Interessen einzustellen;[673] allgemeingültige Aussagen sind daher kaum möglich.[674] **495**

Im Gegensatz zum Verwaltungsprozessrecht[675] sind die Erfolgsaussichten der Hauptsache nicht zu berücksichtigen.[676] An diesen Grundsatz sollte sich die klausurmäßige Fallbearbeitung in aller Regel halten, auch wenn das Bundesverfassungsgericht selbst durchaus Ausnahmen macht.[677] **496**

C. Verfahren

Zuständig ist der für die Hauptsache zuständige Senat.[678] Eine e.A. kann durch Urteil – aufgrund mündlicher Verhandlung – oder durch Beschluss – ohne mündliche Verhandlung – ergehen oder abgelehnt werden (§ 25 II BVerfGG). Wird durch Beschluss entschieden, so kann dagegen Widerspruch erhoben werden, über den binnen zwei Wochen in mündlicher Verhandlung zu entscheiden ist (§ 32 III BVerfGG). **497**

Die e.A. ist auf sechs Monate befristet, kann aber wiederholt werden (§ 32 VI BVerfGG).

D. Bayern[679]

In Bayern regelt seit der Reform 1990 Art. 26 BayVerfGHG den vorläufigen Rechtsschutz; er ist dem § 32 BVerfGG nachgebildet. Der Widerspruch ist jedoch nur gegen eine Dringlichkeitsentscheidung des Vorsitzenden vorgesehen (Art. 26 III BayVerf- **498**

---

671 *Schlaich/Korioth* Rn. 467; *Erichsen* S. 188 f.
672 *Benda/Klein* Rn. 1216 f.; BVerfG NJW 2001, 1411 f., 2076 f.
673 *Schlaich/Korioth* Rn. 465 m.N.
674 Vgl. *Benda/Klein* Rn. 1222.
675 Vgl. oben Rdn. 492.
676 BVerfGE 80, 74 (79); *Benda/Klein* Rn. 1220 f.; *Erichsen* S. 185 f.; *Schlaich/Korioth* Rn. 466; differenzierend *Pestalozza* S. 252 f.
677 Dazu *Schlaich/Korioth* Rn. 466.
678 *Benda/Klein* Rn. 1224 f.; *Erichsen* S. 189 f.; *Pestalozza* S. 246, jeweils auch zur Frage der Kammerzuständigkeit. Zur Beschlussfähigkeit lies § 32 VII BVerfGG!
679 *Pestalozza* S. 460 f.

GHG); die Befristung reicht bis zum Ende des Hauptsacheverfahrens (Art. 26 IV BayVerfGHG). Weitere wesentliche Unterschiede bestehen nicht, Rechtsprechung zur neuen Gesetzesfassung ist allerdings noch nicht in nennenswertem Umfang veröffentlicht.[680]

E. Prüfungsschema[681]

499 **Antrag auf e.A. gem. § 32 BVerfGG (bzw. Art. 26 BayVerfGHG)**

I. Zulässigkeit
   1. Zuständigkeit des BVerfG (BayVerfGH)
      - entspr. Zuständigkeit im korrespondierenden Hauptsacheverfahren.
   2. Antrag
      - eines Antragsberechtigten
      - schriftlich mit Begründung, § 23 I BVerfGG (bzw. Art. 14 BayVerfGHG),
        oder
      - bereits anhängige Hauptsache (nur, wenn Anhaltspunkte im Sachverhalt/Bearbeitervermerk, dass e.A. von Amts wegen zu prüfen!).
   3. Rechtsschutzbedürfnis
      - keine Vorwegnahme der Hauptsache
      - Hauptsache ist/wäre nicht offensichtlich unzulässig oder unbegründet.

II. Begründetheit
   1. Dringlichkeit
      - käme Hauptsacheentscheidung zu spät?
   2. Abwägung
      - e.A., Hauptsache erfolglos
        gegen
        keine e.A., Hauptsache erfolgreich
      - ohne Erfolgsaussichten der Hauptsache!

680 Instruktiv jedoch BayVerfGHE n.F. 44, 9 (14 ff.).

681 Das Verfassungsprozessrecht ist aufgrund seiner lückenhaften Rechtsquellen noch weniger als das sonstige Prozessrecht dazu geeignet, durch Schemata erfasst zu werden. Alle hier angebotenen Schemata sollten daher als Anhaltspunkte, keinesfalls aber als starre Raster verstanden werden. Der Einzelfall kann Überschneidungen mit sich bringen, Umstellungen erfordern oder sogar weitere Prüfungspunkte nötig machen; *für den vorläufigen Rechtsschutz gilt dies in noch verstärktem Maße.* Hierzu auch *Schwerdtfeger* Rn. 11 ff.

Sachverzeichnis

(Die **Zahlen** verweisen auf die **Randnummern**; **Hauptfundstellen** sind fett gedruckt, Fundstellen, die sich ausschließlich auf **Landesrecht** beziehen, *kursiv*)